葉瑃雯用Tattoo讓神奇眉型改變面相、改變命運

開運織眉

葉瑃雯 著

目錄

推薦序

　　賢棣葉瑄雯小姐，天資聰慧，其與生俱來的美學天份，對色彩、線條、3D 立體空間概念，具備了不可言喻的第六感。中學畢業後，專攻美容化妝，並遊學歐亞日本各國，觀摩化妝美容術，回國後除開創美容化妝事業，及從事美容化妝教學外，於 2008 年研發美容產品「琉璃霜」行銷台灣及中國大陸。

　　閒暇與本人研究人相學二十年以上，並常接受電視、電台、報章雜誌之邀請，發表有關美容繡眉化妝方面之心得，深受各界人士讚許。

　　在台灣從事「繡眉」、「紋眉」行業的人，何止萬千？但是真正能繡出、紋出既美麗又符合人相學中「相理美」標準的老師很少，倒是符合「色相美」標準的很多。而人的面相與情緒、感情、財富事業有密切關係，因此，從事繡眉、紋眉的老師們若沒學習人相學，就只能達到「色相美」的標準，而無法做到「相理美」標準，故繡紋不出符合「相理美」的好眉，亦達不到在事業運圖、感情婚姻、人際關係的加分效果。

　　眼睛跟眉毛是面相中最上端、帶給人第一印象的首要器官。孟子說：「觀人莫良於眸子，眸子不能掩其惡，胸中正則眸子瞭焉，胸中不正則眸子眊焉。」因為眼為靈魂之窗，所以能從眼中看到一個人的內心，而懂人相學者更能看出個性。假若一個人的眼眉生來就有缺陷，要如何改善呢？我認為除了找專業醫師加強生理和心理的保健外，其他的改善方法，只有求諸眼睛的美容方法了。例如紋上下眼線讓生來就有缺憾的眼睛加以美容，除去或掩飾眼睛的瑕疵，使女性增加美麗又能增強自信心，改善人際關係，在事業、工作和婚姻感情上得到意想不到的收穫。

　　欣聞葉璅雯將其多年研習人相學應用於美容、繡眉之心得，寫成專書付梓公諸於世，讓更多迷惘於運勢的人，獲得走上康莊大道的指南，自貴而貴人。讚佩之餘特為之序。

中華民國人相學會創會理事長　　蕭湘居士

第一章

磨練是為了發光

寶島台灣地靈人傑，在新北市永和區頂溪捷運站旁的小巷內，藏著一位國際繡眉界的天后級人物，她是誰？何以讓美國、英國、瑞士等歐美時尚圈邀她去授課、演講，到大學教授傳承織眉。不起眼的招牌寫著「小貝殼美容沙龍」，提供織眉、紋眼線、新娘彩妝及皮膚保養等服務，琉璃的門扉緊閉，得照預約時間才能入內。進去後一面產品陳列架，將空間區隔為二，架上展示著研發的高端產品，包裝精雕細琢宛如藝術品，後方有三床美容工作區，前方是會談區連接著辦公桌，中國風木製傢俱，佐以緞面及琉璃等材質的傢飾品。空氣中香氛裊裊，好像任何人在這裡轉一圈就會變成仙女。

這是一個可讓人實現變美、變帥的地方。葉琇雯在當中，工作告一段落，站起身，卸下白色職人外袍，露出裡面一身銀色緞面及膝蓬裙，帶點小奢華，像個明星，臉色亮白無瑕透著光澤感，額頭及顴骨上的光點，好像有盞聚光燈照著。微笑的臉龐露出淺淺酒窩，說話時右上排一顆小虎牙，顯得天真調皮。僅不惑之年，卻在國際美容圈「玩美」三十餘年。

梳理葉琇雯的人生歷程，從美髮小學徒到開美髮店當

老闆，雖然不是人生既定的規劃，但也算是順理成章的劇本。因著老公的一句話，將收入頗豐的美髮店頂讓給別人，義無反顧轉進美容業，把履歷歸零，重新溫習小學徒的辛酸甘苦。一路走來，旁人看她起起落落吃盡苦頭，她卻甘之如飴當作吃補。在小女兒出生後，因著愛女皮膚問題，一頭栽進研發美容保養品的不歸路。這一路上，有緣相遇盡是貴人。如今，不但在國際間大小美容賽事，可以看到她擔任總評審或評判長的身影，對華人美容產業具有舉足輕重的影響力，三個女兒也在耳濡目染環境中，分別接觸相關美的產業，小小年紀皆有不同成就。

葉瑨雯說「我贏人家沒別的條件，就是三十多年來，在同一領域不斷學習及成長。」

葉老師
心靈保濕

當你每天都在與人爭執的同時，不管贏或輸
其實內臟也受傷了，傷別人又傷自己。

半工半讀的少女時光

她來自新北市中和區一個小康家庭，從小就很愛漂亮，十五歲考上台北市育達商職會計科，由於對數學不感興趣，遂向父母表明想要休學重考，開明的父母要她自己考慮清楚，也沒有太多干涉。然而陰錯陽差之下，原定休學重考的葉琣雯，卻被同學拉去美髮店當學徒。一如小時候的個性，在外面極為沉默寡言，做事很勤快，別人要她做什麼她就做什麼，長相甜美加上個性乖巧，設計師們都喜愛這個新來的洗頭小妹。第二年考上竹林高中幼保科夜間部，因為對小孩頗感興趣，並不排斥念幼保科，後來證明這段學歷也幫助自己經營良好的親子關係。白天繼續美髮工作，半工半讀兼顧學業與工作。

一般而言，美髮店小學徒為了精進剪、燙等專業技術，需利用許多假人頭大量練習，但那時候一顆假人頭就要台幣六百元，對月俸兩千元的工讀薪水而言，是一筆很大的開銷。雖然央求弟弟、鄰居及友人充當模特兒讓她免費練習，然而頭髮的生長速度畢竟有限，葉琣雯因沒有更多練習機會而感到相當苦惱。

勤奮的優點很得人緣，但能不說話就不說話的葉琣雯，經常被老闆盯著，某次洗完頭的空檔，被叫到櫃檯邊訓斥

「台沈（註），你是嘴巴含黃金嗎？幫客人洗頭洗了半小時，一句話都不吭？」葉瑋雯不解也感到很委屈，小小年紀的她，從來都想不透，跟客人有什麼好聊的？

註

傳統的家庭式美髮店，美髮師為了不讓客人聽懂他們的交談內容，衍生出源自上海話的專用術語，例如：柳、A、汪、遮、中、沈、新、張、愛、台，意為數字編號一到十，「台沈」就是編號十六。

（資料出處：美髮科教科書）

中午十二點來洗頭的客人，你可以問「呷飽沒？」（台語，意即吃飯了沒）」總有好心的學姊，教導葉瑋雯如何與客人互動。

有些客人覺得葉瑋雯長得很可愛，總是透過鏡子不斷偷瞄，個性害羞的她左閃右閃，害怕與人四目交接，在客人眼前的那面鏡子，永遠只露出兩隻洗頭的手。就連晚上到夜校念書，也只跟坐在後面的同學互動。

當時美髮店生意很好，洗頭的客人總是一個接著一個，沒有太多喘息時間。靠手吃飯的美髮從業人員，雙手反覆接觸溫熱的水及洗髮精，長時間下來皮膚紅腫、脫皮甚至

潰爛，對她們而言是家常便飯，尤其到了冬天，雙手頻頻反覆接觸熱水及冷空氣，熱漲冷縮之下使得皮膚龜裂，出血症狀有增無減，無法等到傷口痊癒，只能戴著薄透的手扒雞手套，稍微保護雙手以便繼續工作，想擁有一雙柔嫩細緻的玉手，是髮廊裡負責洗頭的她難以奢望的。

因工作關係衍生職業傷害，葉瑃雯的爸爸也感到心疼，卻不知如何安慰女兒，只會用很凶的口吻嘆著「每個人都去國際牌上班，你怎麼不去？」1962 年，日本電子產業五大巨頭之一「松下電器」，進入新北市中和區成立台灣松下電器公司，使用「國際牌」及「National」為行銷品牌，1980 年代前後，台灣正逐漸由農業社會轉型工業社會，電器、紡織及塑膠等輕工業快速成長，加上重大經濟政策及發展計畫，成功帶動經濟快速起飛，與當時的南韓、新加坡、香港，有著「亞洲四小龍」的美稱。

在這種國際級大公司當作業員，朝九晚五的安穩工作，適婚年紀一到，透過長輩介紹對象，相親結婚生子，幾乎是大多年輕女孩的生涯寫照。當時美髮店地點就在葉家附近，店內有休假制度，但老闆娘每天都想開店賺錢，縱然大多人愛錢，但少有人甘願休假日還要上班。「台沈，今

天要開店，你過來幫客人洗頭。」老闆娘只要一通電話，葉璿雯便馬上趕到店裡幫忙。整個上午不停為客人洗頭，過了吃飯時間，早已餓到前胸貼後背，老闆娘猛然想起她還沒吃飯，便向隔壁店家點了一盤羊肉炒麵給她吃，葉璿雯得以稍微休息吃午餐，心裡還很感激老闆娘如此慈悲，請她吃這麼好的料理。

如今不再是社會新鮮人，葉璿雯此刻回想起往事，對老闆娘沒有絲毫怨懟，只覺自己當時太單純乖順，完全沒有意識到該爭取應有的加班費及休假權益。這樣的日子不斷重複著，十個月後，心中有個求去的聲音越來越清楚，該替自己找尋另一條出路了。

葉老師
心靈保濕

時常拿相機拍下自己面貌，你是否不認識自己？好看讚嘆自己，難看趕快改變自己。

為自己開路

　　十個多月來一直幫客人洗頭，苦無機會增加剪、燙經驗，更別提染髮等高階技術的學習，心中的焦慮累積到最高點，終於向老闆娘提出辭職，離開熟悉的工作場所。

　　新北市板橋區的後火車站，是她經常探望外婆的必經之路，離職後，她照例去看外婆。車站內外琳瑯滿目的廣告從未映入眼簾，此刻，美髮補習班招生廣告，吸引著她的目光，宛如有宗教信仰的人看到神諭一般，葉瑃雯沒有遲疑，立即自費報名學習剪髮技術；上課期間，有位較年長的同班同學打算開業，便邀請有洗頭基礎的葉瑃雯駐店擔任設計師，就這樣，補習班修業三個月結束後，葉瑃雯一腳跨入設計師之列。從洗頭小妹晉升為美髮設計師，那種飄飄然的感覺，好像走在雲端一般。

　　有機會展現一技之長的狂喜，遮蔽葉瑃雯的雙眼，她忽略了一個大多數人會抗拒的現實。二十多年前的新北市土城區，人口不若今日那般密集，遍地盡是雜草叢生的荒蕪景象，葉瑃雯白天從住家中和區轉兩班公車，得行經一偏僻地段趕到美髮店上班，晚上則要步行經過田野、荒地才能搭上 57 號公車趕到南勢角，下車再步行一段山路，才能到達依山而建的竹林高中。

號稱「無城市之喧囂，有鄉野之寧靜」的美麗校園，夜校生大多無福享受，總是行色匆忙穿越黑漆漆的校園。如此反覆往返住家、工作地點及學校，每日晨昏交通時間加起來大約花費三個半小時。當家人、朋友前去她的工作環境探望時，無不驚奇問她，如何能受得了這樣的交通波折？但求好心切的葉瑃雯，只懷著一顆感恩的心，感謝他人知遇之恩，讓她有機會展現自己的才華。旁人無奈搖頭，她卻絲毫不以為苦，如此披星戴月走了過來。

葉老師
心靈保濕

臉鬆了垮了？可以拉皮除皺改善。但心鬆了，很容易製造是非的開始，所以我們隨時要把皮拉緊一點。

十九歲被迫當老闆

　　1987 年竹林高中因部分校舍整建，故將學生暫時移至竹林國小上課，葉璡雯時年十九，因這個轉機，跳槽到永和區竹林路美髮店擔任設計師。才上班三個多月，猶在適應中。然而在美髮業已經打滾多年的老闆及老闆娘，或許是職業倦怠，兩人經常因細故而上演全武行，偶然間聽聞他人談到經營小吃輕鬆有賺頭，兩人便考慮轉行，揣想著要賣烤玉米。手上的美髮店一時間轉讓不易，遂將念頭轉到葉璡雯頭上，施展嘴上功夫，好說歹說「逼著」她用五萬元頂下。

　　台幣五萬元，對於晚上還在夜間部讀書的高職生而言，是一筆不小的數目。當年台灣勞基法明訂的勞工基本月薪不過約八、九千元左右，當設計師沒多久的葉璡雯，就是月領台幣八千元，她所有的積蓄根本不足以頂下這家店。就在媽媽的金援下，一個涉世未深的高職夜校生，就這麼莫名的成了美髮店老闆，這一年，她尚未二十歲。

　　客人一如往常上門消費，葉璡雯依然低調害羞，不同的是美髮店悄悄轉換了經營者，這位年紀輕輕的老闆，沒有任何心理準備，像鴨子一樣被趕上架。剛開始獨挑大梁的葉璡雯，因為年紀太輕，被部分客人占盡便宜，明明提

供兩千元的服務，結帳時硬是將金額砍得極為離譜，社會經驗不足的小老闆，不懂得如何應對這些以大欺小的奧客，經常感到困擾且無奈，以至於每當客人一進門喊「老闆娘」，她不由分說一律回答「老闆娘不在」。

兢兢業業兼顧學業與事業，半工半讀的她，晚上得關上店門到校上課，店面的使用率沒有發揮到最大值，相對於每個月需付出的租金成本，非常不划算，也無法服務白天上班，晚上才能上門消費的客群，幸好之前同期學習的夥伴正在找工作，遂解決了晚上不能提供美髮服務的難題。

日本長壽電視連續劇「阿信」，女主角年輕時曾在東京跟著師傅學梳頭，當時的大環境生存條件極差，女主角阿信憑著細緻的美髮技術，在逆境中打理生活、養活自己，葉璿雯的青春歲月無疑是台版阿信的寫照。

✿ 遇見貴人

有位從事房地產會計工作的熟客陳小姐，經常到店裡洗頭及保養，她的同事宋先生，是個只用一塊肥皂便可以從頭洗到腳的人，他很不解女同事為何只是單純洗頭，卻提著裝滿瓶瓶罐罐的大袋子？某日女同事一時興起，問他是否敢拿一塊肥皂去店裡洗頭？這個激將法，果然將宋先生帶進了葉瑋雯的美髮店。

宋先生第一次見到葉瑋雯，得知她年紀輕輕，白天要開店做生意、晚上還要上夜校，心中感到訝異「怎麼會有這麼乖的小孩？這麼年輕就當老闆？」他內心想「我一定要幫她。」宋先生較為年長，兩人相差七歲，相識的那年，宋先生二十五、六歲。

所謂千里姻緣一線牽。皮膚白皙、長相甜美的葉瑋雯，第一眼便牢牢吸引宋先生的目光；為了獲得佳人青睞，他每天想方設法，就為了送她去上課，後來他出入美髮店的次數，竟然比陳小姐這個熟客還多。

單純的葉瑋雯，覺得反覆轉車辛苦又麻煩，既然有人願意當司機，她也樂得接受。夜間部念書四年，之後到其它地點工作，都是由宋先生風雨無阻的接送，這段期間兩人從不吵架或意見不合。慢慢的，葉瑋雯總算意識到宋先

生追求的意圖。

　　宋先生從事房地產業，終日在外奔波，一日經過新店區，看到可愛的仙人掌，竟買來送給葉瑢雯，收到仙人掌時，她第一直覺是「這小盆栽好好看呀」，完全沒意識到，一般人是送玫瑰花來表現浪漫或愛意。而仙人掌的花語是「堅強」，外剛內柔才是它真正的寫照，也許宋先生希望兩人的感情能穩定發展，即便在艱困的條件下也能成長茁壯。

　　大多服務女客的葉瑢雯，其實沒有太多接觸異性的機會，與初戀對象宋先生步入結婚禮堂，對單純的她來說也是順理成章。愛情路上長跑了六、七年，兩人結婚時，葉瑢雯年華二十五歲。

　　宋先生生肖屬牛，配上屬雞的葉瑢雯，在八字中屬三合，當其中一人有情緒，另一人剛好可以包容。結婚十多年，他們吵架的次數屈指可數。除了八字很合之外，養成不吵架的習慣，互相尊重也是兩人之間的默契，葉瑢雯更是提醒自己不把「葉老師」的身分帶回家中。

　　婚後兩人育有三個女兒，家中的大小事都是先生說了算，這位生命中最重要的貴人，對葉瑢雯的生涯有諸多影響；支持她轉換跑道，陪伴她改變及成長，讓她創業路上

完全沒有後顧之憂。對於這位顧家又愛孩子的老公，葉琇雯是這麼形容的：他把我當第四個女兒一樣疼。交往七年，恩愛了七年。婚後，宋先生把愛分給四個女人，繼續疼。

高職幼保科接觸兒童心理發展學，葉琇雯對於經營親子關係很有自己想法，主張不打罵的教育，也順勢而為培養孩子在不同領域築夢踏實。

葉老師
心靈保濕

有的女人跟她相處十分鐘不管有說話或不說話，就是舒服、自在、平安喜悅；有的女人你在她旁邊就是種內心恐慌，心跳加快、討厭想逃跑。以上兩種，你想要當哪一種？

大女兒，酷帥獨立有自己想法

　　大女兒宋詠蓁，覺得媽媽在家中是一個心靈輔導的角色，什麼內心話都可以跟她說，爸爸則會用更幽默的方式與孩子相處，考試成績好不好是其次，做人態度、人品或禮貌等反而比較要求。媽媽雖然工作很忙碌，卻不會將孩子隔絕於門外，反而讓孩子待在身邊看自己工作，這也能讓孩子覺得媽媽是很親近的，因為隨時都看得到。

　　宋詠蓁五、六歲時，媽媽經常出國進修，跑遍法、德、奧、義、瑞等歐洲國家。印象中，自己躺在母親床上一大堆衣服裡，看著母親整理行李、找護照，準備出國事宜。早已習慣父母的工作模式，也很感謝父母辛苦賺錢供應自己所需。早熟的言論透露出從小養成的獨立個性。

　　美國前第一夫人蜜雪兒‧歐巴馬（Michelle Obama），在 2009 年總統就職典禮所穿的禮服深受好評，其中的幕後功臣是旅美華人服裝設計師吳季剛，他的發跡故事，深深影響著宋詠蓁。

　　從小就嚮往能到吳季剛的母校，位於美國紐約的帕森設計學院（Parsons School of Design）學服裝設計。蒐集無數相關資訊，也為了這個夢想苦心研讀英文做足功課。她畢業於台灣復興商工美工科，另外在補習班學了一年服裝

設計。一次偶然機會，將設計作品投遞至英國 CSM 學院，意外的是，沒有正式服裝設計學歷的她，卻能憑藉出色的設計理念，獲得錄取通知，得以前往 CSM 學院就讀。不需透過國際代辦公司，自己辦妥所有英文文件，就這麼隻身前往陌生國度求學。

CSM（Central Saint Martins College of Art and Design）中央聖馬丁藝術與設計學院，位於英格蘭，是一所著名的藝術和設計學院，屬於英國倫敦藝術大學，被認為是倫敦最好的藝術學校，歷年來培育出許多在業界頗具影響力的名人。例如：為英國凱特王妃（Kate Middleton）設計婚紗的莎拉‧伯頓（Sarah Burton）、法國品牌克里斯汀‧迪奧（Christian Dior）首席設計師及紀梵希（Givenchy）總設計師約翰‧加利亞諾（John Galliano）、1996 年獲得英國年度設計師榮銜，之後擔任紀梵希（Givenchy）總設計師亞歷山大‧麥昆（Alexander McQueen）、法國品牌克蘿伊（Chloe）總設計師史黛拉‧麥卡尼（Stella McCartney）⋯⋯等。

原本夢想到美國紐約求學，卻陰錯陽差以英國倫敦為起點。不到二十歲的年紀，隻身闖進頂尖設計學院。班上

同學來自世界各地，其中不乏各個國家的頂尖好手。宋詠綦第一年讀得非常辛苦，她說本科系的學生都不見得能適應。自己雖然很有創意，但是繁重的課業，加上要補足非科班出身的那一段空白，讓她承受著極大的壓力。

　　儘管如此，她的作品於第二年獲得 LCF（London College of Fashion）這個偏商業性質的設計學院青睞，遴選入校就讀。赫赫有名的古馳（Gucci）、香奈兒（Chanel）等世界級名牌，也大多從這間學院挖角，培養出自家品牌的設計師。這間培育無數知名設計師的設計殿堂，宋詠綦只念了半學期，隱隱覺得與心中期待不同，分析比較之下，CSM 聖馬丁較能容納天馬行空、稀奇古怪的設計，偏走秀風格。LCF 則偏向商業路線，是有機會賺大錢嶄露頭角，兩個學校的風格落差極大，宋詠綦在 LCF 修課之餘，老往 CSM 的圖書館跑，心中感覺 CSM 才符合自己的理想，毅然決然從 LCF 轉回 CSM 就讀。

　　一般父母面對孩子的這些轉折，多半會責怪孩子浪費了時間及金錢，葉琄雯對宋詠綦敢做這麼重大的決定，卻只說了一句「很欣賞她的勇氣」，並給予最大的支持。

　　喜愛美的事物，坦承是受到母親影響。宋詠綦認為人

應該有自信，一旦有自信，人就美一半，後天的加工改造，依個人需求並沒有什麼不可以，也沒有對錯可言，若想要動刀整形，需要充分了解後遺症，切勿迷失自己。

2017 年再見到學成歸國的宋詠慕，仍是一臉酷樣，但多了一張設計洗鍊的名片，上面印著「造型顧問」的頭銜。葉琇雯形容她話不多，精簡得很，令人不免想起，年輕時還在幫人洗頭的葉琇雯同樣寡言，還曾被美髮院老闆斥喝嘴巴含黃金，總是不肯開金口。「但是她談到國際服裝品牌故事又滔滔不絕、如數家珍。哪個設計師又跳槽，設計風格又如何如何，她都能講得津津有味。」葉琇雯說。

這位年輕的服裝設計師，日常打扮就是簡單卻很有型的平價 T 恤與休閒長褲。可以在路上走一整天，看人、看衣服而不喊累，但是要出手消費，絕對是非常中意，沒得嫌才會下手，家人隨便買回家的東西，常會被她批評質感不好，或是設計不佳。葉琇雯很慶幸孩子有與生俱來的好眼光。

「一樣的衣服穿在自己身上，跟穿在模特兒身上，感覺就是不一樣。」宋詠慕不客氣的說出重點：「基本上，專業模特兒就算套上垃圾袋都會很美。」或許這就是人駕

馭衣服，而不是被衣服駕馭的境界。

不但有服裝設計的才華，清楚的思維及好文筆也是她的長處。因為葉璿雯的人脈，宋詠蓁有機會登上雜誌活動內頁，但她覺得活動服裝不適合自己，個性低調又有專業堅持的她，寫了篇文情並茂的書信，感謝對方給予機會，願意為幕後工作盡一份心力，唯一要求別叫她在鎂光燈下曝光，體貼又婉轉的回拒長輩好意。對這個獨立、有個性的大女兒，宋先生一直用關愛的眼神守護著，希望女兒在外面闖累了就趕快回家，充電完畢再出發。

葉老師
心靈保濕

嘴看愛情、子星、家運福禍之門，沉默是金，講多了，錢、寶石也掉光了。

二女兒，彩妝界的天才手

生養子女之前，葉璿雯已經是美容界的老師級人物，但是她的二女兒宋憓瓔成名更早；三歲開始學化妝，九歲考取二十二國國際證照，十一歲獲澳門國際美容大賽新娘彩妝優勝、同年及隔年連續兩屆，榮獲亞太區韓國國際美容髮型大賽晚宴組冠軍殊榮。還在念高中，就榮獲 2016 年 APHCA 20th Hair Olympics 菲律賓亞太盃晚宴彩妝及新娘造型亞軍，從菲律賓前總統夫人手中接下獎盃。

宋憓瓔年輕稚氣的臉龐，在一片成年的參賽者當中，總會讓頒獎人驚艷不已。聽聞宋憓瓔經歷的人，無不訝異於她的才氣縱橫；平面、電子媒體及公共電視皆曾專訪、報導過這個小小彩妝師，她不但是葉璿雯的驕傲，更是一顆閃亮的台灣之光。

三歲大的孩子，多半時間拿著蠟筆在牆上隨意塗鴉，偏偏宋憓瓔是拿起彩妝品，在自己及家人的臉上玩得不亦樂乎。深究其中原因，除了孩子的天分，也有葉璿雯用盡心思的栽培，不但刻意將彩妝品丟在她隨手可及的地方，隨她任意使用，弄斷、玩壞也絕不責罵。小心翼翼呵護著孩子愛創作的火花。

宋憓瓔喜歡韓國藝人團體 Super Junior，期待自己有一

天能親手為偶像化妝，葉璿雯便藉此緣由，鼓勵她加緊練習，以便到韓國首爾參賽。果然偶像魅力無敵，鼓舞著宋憓瓔動力全開，2013年第一次到韓國參賽，接續兩年，榮獲國際奧林匹克美容美髮整體造型競技大賽，晚宴組冠軍殊榮。當年不過是個十一歲的孩子，不僅膽識過人，小小年紀，在同場賽事中，許多成年的專業美容師都是她的手下敗將，眾人的眼鏡早已跌碎一地。

已經高中畢業的她，換了崇拜對象，但是熱愛彩妝的心至今不變。課業之餘，持續不斷征戰國內外大小美容賽事，不僅如此，宋憓瓔還是個「舞」林高手，跳起熱門街舞活力十足，有著超越同齡孩子的自信與專業能力。

她說人在化妝前、後，呈現出極大差異，感覺真的非常神奇。現在主要想學特效化妝，尤其嚮往美國好萊塢電影工業的特效化妝。她覺得在一般學校美容科學不到她想要的東西。畢業於台北復興商工廣告設計科，對電影相關的課程及美感的培養很有收穫。

宋憓瓔談起在家很放鬆的媽媽，感覺是個迷迷糊糊的人。幸好家中大小事還有爸爸做主。「爸爸說，他和媽媽在交往階段，曾在情人節買仙人掌送給媽媽。」宋憓瓔感

覺父母的互動方式很有趣，令她印象深刻。

　　提到母親曾經一度嚴格又不講理因而心懷怨氣，但是當自己想做的事被支持時，又對母親充滿感謝。雖然一路走來得獎無數，風光不已，但母女倆在溝通上也經過不少磨合與衝突。儘管葉璿雯一身美容彩妝本領，但青春期的宋憓璦很有自己主見，「小時候什麼都不懂還好教，大了就不聽我的。」葉璿雯只能理解，無法堅持孩子一定要聽自己的話。

　　葉璿雯平日工作極為忙碌，但每周日花費時間及金錢，陪伴宋憓璦到桃園找彩妝界名師丁莉瑄老師學習彩妝，以及每次出國比賽，得花二十多萬台幣，甚至孩子提及想到好萊塢學特效化妝，或到香港向大師學藝，萬元起跳的鐘點費，葉璿雯都沒有二話，傾全力栽培。

　　葉璿雯回憶宋憓璦於 2014 年參加香港亞洲盃髮型彩妝大賽，獲得新娘組銀牌，這是業界熟知的國際級重要賽事，三十分鐘內須完成底妝，兩邊眼影、眉毛，黏貼上下假睫毛及六顆鑽，工序繁重且時間壓力極大，是很高難度的國際比賽。指導老師丁莉瑄，因為第一次栽培年紀這麼小的孩子參賽，緊張得血壓都飆高了，她於 Facebook 透露；

還是個學生的宋慞瓔，並沒有為了比賽，全心全意投入練習，這樣的狀態下，竟在當天以二十五分鐘完妝，這般神技，令丁老師有感而發說「我內心給她一百分。」

葉瑃雯獨到的眼光，宋慞瓔自己的堅持與自信，天時地利人和，台灣美容彩妝界誕生了一位不可小覷的天才。

宋慞瓔接受媒體採訪時，總帶著純真孩子一般的青澀與羞赧，葉瑃雯說女兒們在家都是母老虎，玩鬧時分貝之大，像是快把屋頂掀了一樣，尤其宋慞瓔是很有主見的獅子座，發起脾氣無人能擋。葉瑃雯言語透露無奈，旋即充滿慈愛地說；孩子難免有脾氣，但她們善良健康又聽話，她為此無比的感恩。

葉老師
心靈保濕

想辦法把自己做到有人緣比較好做事情，外在、內在要一起改造，好運離你不遠了。

小女兒，生意頭腦發達

葉璿雯在開運織眉打下一片江山，從未想過要自己的女兒接班，她說「孩子有興趣學就學，沒有興趣的話，如果去賣麵線或雞排、冰淇淋賣得很高興，那也是一件很好的事。」她認為子女該有自己的發展，父母不宜主導她們的未來，這樣讓孩子會有莫大的壓力，但是小女兒的想法與出發點卻不同。

2006 年出生，即將上國中的薇薇，從媽媽口中知道，在美容沙龍中，繡眉服務收費兩萬五千元起跳，是所有服務項目中單價最高的。她對媽媽說「繡眉賺最多錢，教我繡眉，我學一項就好。」不到十歲的孩子，應該天真無邪，無憂無慮地跟同學一起玩，早熟一點的，頂多偷擦媽媽的口紅、指甲油，或是偷穿高跟鞋。然而薇薇卻一心想著怎麼才能賺錢，葉璿雯也樂見孩子的發展，她說為了賺錢想學技術是很好的動機。「這本來就是天經地義之事。」

葉璿雯曾開發一款牙皂，市場反應良好，為了在大陸推廣兒童愛刷牙活動，重新設計推出兒童版新包裝，使用時像口紅一樣旋出，牙刷沾一沾就可以刷牙，蓋子上有可愛的笑臉頭飾，超療癒的設計感，讓大人小孩都愛不釋手。

這款好攜帶又不占空間的可愛造型兒童牙皂，外觀設

計包含了小女兒的創意，她抗議媽媽把它們當作贈品送掉，葉瑋雯解釋「送人家用，如果人家覺得好用就會來訂購，這樣我們就要再生產，你就會賺錢啦。」小小年紀的她才釋懷，而且沒有忘記要回饋「媽媽，我會把成本算給你，你不用擔心。」童言童語又帶著現實的理解，薇薇的話把媽媽逗樂了。

除了很有生意頭腦，五歲大的薇薇即表現出對烹飪的喜愛。不但在家中廚房佔領一隅，常常參考國外網站做甜點，並且為了聽懂原創者調味的比例而自發勤讀英文。幾匙糖、烤箱幾度或是烘烤幾分鐘，料理步驟及材料，參考原文網站都難不倒她。小小身軀在廚房舞刀弄鏟短短半小時，葉瑋雯和宋先生要在廚房清洗鍋碗瓢盆，花三小時善後。夫妻倆雖然叫苦連天，仍然小心翼翼呵護孩子熱愛創作的火苗。葉瑋雯氣喘吁吁刷鍋，揮汗之餘還不忘對先生說，「家裡未來會出一位了不得的美食家，現在要用歡喜心來洗這些鍋具。」

葉瑋雯時常放手，有條件的讓薇薇冒險，譬如給予合適身高的板凳，需要用火時替她開瓦斯，或是給她銳利度較低的刀切菜。「越不讓孩子嘗試，孩子越可能自己偷偷

躲起來試，倒不如放在大人看得到的地方。」有時做出來的成品並不好吃，她和宋先生也是給予高度肯定與鼓勵。然而更多時候，薇薇會做出好吃的甜點美食，令家人驚艷不已。舉凡蛋糕、馬卡龍或焦糖烤布丁，葉琇雯樂不可支分享小女兒的食譜。

本身也熱愛烘焙蛋糕的葉琇雯，深知做出完美的馬卡龍並不簡單，連大人都不容易成功，不是溫度控制不好導致表面龜裂，不然就是味道太過甜膩。薇薇央求媽媽教過一次，自己就摸索出訣竅，並成功烤出葉琇雯都自嘆弗如的法式馬卡龍。「吃過之後隔天還會思念那個味道，想要找找有沒有剩下的。還有她的中法混合式炒飯，不但有香鹹的鍋巴，還用敲碎堅果及香菜擺盤，上面鋪一顆黃澄澄的煎蛋均衡營養，不但兼顧口感與層次，色香味具足。」葉琇雯描述薇薇那令人讚嘆的廚藝，做母親的幸福感，或許就是從孩子自動自發的學習過程，感受到成長的蛻變吧。

還在讀國小時，白天有正規的學校課業，晚上七點半趕赴補習班補習，九點半回到家，還央求大人讓她進廚房玩半小時，她才甘願洗澡就寢。任誰都可以感覺到，廚房簡直就是她的快樂天堂。

很少孩子的兒童節禮物是台小烤箱。薇薇有機會和家人出國玩，泰半在找廚房用具，跟媽媽到日本東京迪士尼，買的紀念品也是米奇造型鍋鏟。熱愛料理又表現不俗的薇薇，拜託媽媽讓她拜師學藝。不由分說，葉璱雯已經在物色考證照的廚藝補習班，也有心理準備，薇薇必定是班上年紀最小的學員，未來還有好長一段路要走。

　　對織眉很感興趣，烹飪料理又表現傑出，哪一樣才是她的最愛呢？天真的薇薇，指著 2010 年世界盃麵包大賽金牌得主吳寶春的新聞，她問「媽媽，吳寶春現在有沒有一億元的存款？」聽了媽媽的答案，她哭倒在地說「我選錯行業了嗎？」旁人聞言莫不詫異失笑，這個才十二歲的孩子，想法著實早熟。

葉老師
心靈保濕

大方請客的人未必是好人，小氣鬼的人未必是壞人，不要把大方、小氣作為好人與壞人的標準。

最佳夥伴宋先生

　　有一種人，他的功名利祿即便是自己打拼而來，卻將榮耀都歸功給老天爺，那種木訥樸實、誠懇不虛華的典型，就是閩南語說的「古意人」。

　　約在 1980 年代，台灣經濟出現一波高峰期，諸多新興建設湧現，創造許多工作機會，國民所得高速增長，失業率最低點來到百分之一點五，可以說是由貧轉富的關鍵階段。1989 年六月，台股第一次站上萬點，那是一個幾乎買什麼就賺什麼的輝煌歲月，士農工商、販夫走卒，人人瘋狂，每每股市一開盤，家庭主婦提著菜籃並不上市場買菜，而是進入證券交易所看盤。計程車司機上午也不載客，一輛輛停在路邊緊盯股市行情起落，隨便買隨便賺的黃金年代，讓老師們及大學生都無心上課。當年從事房地產的人，只要是認真跑出成績，好好守住第一桶金，大多數人能在那時期，成為「台灣錢淹腳目」的獲利者。

　　1987 年，宋先生二十五歲，從事房地產買賣相關行業。那年遇到一個賣家，手上一棟透天厝因故急於脫手，說是賠錢也要賣，半強迫宋先生買下。才從鄉下到大都市打拼的小伙子，口袋裡的錢很有限，他向賣家哭窮，賣家反而軟硬兼施、苦苦哀求，逼得宋先生勉為其難，用賣掉

房子的佣金八萬元當作頭期款，買下這棟位於新北市中和區民安街的房子。

咬牙買下人生第一間房子，已經沒有多餘的錢買家具，進到室內，用家徒四壁來形容一點也不為過，走出戶外也只能見到荒草叢生、墳墓為鄰的景象。勒緊肚皮，按月支付銀行貸款，半年後才有多餘的錢添購其他家具。經過這些年，人人唯恐避之不及的惡地，如今已是與積穗國中為鄰的黃金地段。

擅長投資理財的宋先生，趕上了好時代，又有著鄉下人出外打拼，要成功回故里的堅毅性格，忠厚老實的他，就這樣一步一腳印，成就自己的婚姻及家庭。已屆知天命之年，人生早已達到財富自由的境界，不必朝九晚五、汲汲營營地替人作嫁，也成為家人最大的精神及經濟支柱。

問起和妻子葉瑝雯初相識的經過，他追憶當年上班的女同事，每天都去讓人洗頭，引發他的好奇。他納悶的是，「幫人洗頭的手，手指頭不是都會有細菌嗎？」會計小姐為了解除他這個無厘頭的疑惑，無心插柳，引領他結識了生命的摯愛。

初次見到伊人，是否有觸電的感覺？「古意」的宋先

生笑著避而不答，只是不斷強調，葉瑢雯認真又上進，對美容很有天分，也得到很多支持，這麼年輕可愛的少女，任誰見了都會疼惜。

來自鄉下的宋先生，談起原生家庭對自己的影響，他說老家務農，只要是能做的，大家都不分彼此盡量去做，沒有什麼既定角色該做的事，遇到問題也是大家坐下來溝通解決，打破男主外女主內的偏見。「是老天爺幫忙，讓家庭都順順利利的，所以爭執的問題也少。」

也許沒有死生契闊，與子成說，但這對夫妻給人感覺，正是執子之手，與子偕老的寫照。他們兩人的共同點，就是經常把「都要感謝老天爺」、「真的謝謝老天爺幫忙」這些話掛在嘴邊。

他說自己和妻子年紀有段差距，相處上雖有看法與做法的差異，但兩人之間一向溝通無礙，總是互相討論，如何配合對方。心疼著家庭、事業兩頭燒的妻子，自己總是盡可能讓她無後顧之憂，盡管如此，心中希望家庭及工作能有區隔，妻子能有正常上下班時間，下班後能專心陪小孩，他甚至要求從事服務業的妻子，六點要關店回家。

「但是客人多到無法拒絕，很多外國客戶專程搭飛機

到台灣，要求織眉或皮膚問題諮詢。」雖然可以理解妻子從業的現實，但也傳達出無奈。這個默默等待家人改變的暖男，用他溫暖的心守護著家。

宋先生是孩子的主要照顧者。如何教養三個女兒，度過大多家長聞之色變的青春期？他說自己很民主，最多只給孩子建議，課業方面有家教幫忙，孩子也很能打理自己，面對孩子的青春期，多陪伴是最好的教養方式。他認為孩子回到家可以看到爸媽，孩子是不會壞到哪裡去的，她們也都表現出自己的天分，令他感到很欣慰。到了週末家庭日，全家必定到處走走逛逛，品嘗美食，享受天倫之樂。

房地產業務為了開發買家，常要東奔西跑，接觸形形色色的人，相對長時間在店面採預約服務的葉瑃雯，見多識廣的宋先生覺得妻子善良又單純。問到是否記得妻子某次出國，將包包遺忘在法國香榭大道上的事，宋先生說若是包包不見倒沒關係，很擔心她的護照遺失，後續處理需要較多時間，會比較麻煩，因此妻子每次出國都得再三叮嚀。宋先生說她在別人面前並不會這樣，但在自己面前會顯得迷糊，所以要做的就比較多，「可能是我把她保護得太好了。」說完，自己呵呵笑了起來。

　　葉瑈雯愛聞咖啡香，卻因為體質關係無福品嘗，而宋先生反而是茶及咖啡的重度愛好者，喝了三十多年，養生也養性，品茗淨心之餘，讓他總能在投資理財的領域中，看透誘惑，三思而後行，靜觀浮沉人生，不人云亦云。

　　曾有機會被友人請了一杯好茶，好喝到讓不懂茶的葉瑈雯念念不忘，尋思買回茶葉送給先生品嘗，宋先生認為妻子沒有喝茶的習慣，直覺她一定會被騙，葉瑈雯一句話讓宋先生無話可回，她說「有心買的，就是喝一份心意。」

**葉老師
心靈保濕**

賺錢是拿來用的，上天給的資糧是足夠用；
不是拿來堆在倉庫沒用途，沒用途的錢就會
像大水一樣流光光。

兒孫自有兒孫福

2017 年上任的美國總統唐納・川普（Donald Trump）千金伊凡卡・川普（Ivanka Trump）於 2011 年出版《川普的女兒：走出自己的品牌路》（The Trump Card: Playing to Win in Work and Life）。含著金湯匙出生的她，集模特兒、服裝設計師、和房產大亨等頭銜於一身，她在書中陳述「贏在起跑點，不代表我不用努力向前跑。」宋家三顆掌上明珠，同樣被父母用愛與資源教養著，旁人羨慕之餘也可以感受到，物質不虞匱乏的背景，加上自發進取的表現，年輕的她們，也在自己的人生道路上，向著標竿奮力奔跑著。

較為親近的朋友常心疼葉琇雯，長時間勞心勞力在工作付出，總是探問她是否考慮讓女兒接班？她淡然地說，孩子長大有自己的想法，只能給予尊重，此刻只想給孩子最好的栽培，希望她們開心就好。她觀察大女兒從小精明獨立，不怕她被騙。「有一次她在街頭被拉去問卷調查，居然在表格上瞎填不實的資料，她說這樣才不會被騷擾。」大女兒的表現讓葉琇雯很放心。

「學技術的人不能只有三分鐘熱度。」葉琇雯因為二女兒喜愛跳熱門舞蹈，為她找同伴一起學舞，還找了一位專業老師教舞，然而青春期的孩子，有兼顧課業的壓力，加上定

力不足，到最後所有同伴都陣亡了，只有這個從小學美容技術的二女兒堅持下來，因為孩子本身就是一個學技術的人，懂得如何突破瓶頸，不因為一點挫折就半途而廢。

十七歲的高中生卻已經有十二年的工作經驗。二女兒國小六年級就在小貝殼容沙龍燙睫毛賺錢。葉琇雯本人收費兩千元，願意給二女兒燙睫毛的客人就收費一千元，許多客人在葉琇雯的品質保證下，樂得讓這位小小美容師服務。

二女兒替客人燙睫毛賺了一千元，立刻花掉兩百元，葉琇雯也不會將孩子當成與店家合作的美容師一般抽成。孩子燙睫毛以認真又好玩的心態，還能替自己賺進零用錢，練得一身技術，又能自力更生。曾有新人登門要求畫新娘妝，並到台北市陽明山外拍，葉琇雯手上工作忙碌仍答應接單。然而她將姊妹倆推出去，陪同新人到陽明山拍婚紗外景，樂玩創意的姊妹，聯手賺了台幣一萬八千元的新娘造型費，而新娘也非常滿意姊妹倆的彩妝造型。

讓孩子隻身出國在外是否能放心？她說大女兒一個人在國外，家長擔心之餘無法多做什麼，只有一個信念，就是多幫助別人的小孩，讓自己成為別人孩子的貴人，希望自己的孩子也因著這樣的善念而有貴人相助。只要善的循環生生不息，福報常轉，不用為兒孫作遠憂。

第二章

從兩個零開始

　　有些稍具規模的沙龍（Salon）為了滿足客人整體美的需求，規劃一條龍式的服務，通常店面用來提供美髮造型，後方較隱密或其他空間則附設美容部門，提供美睫、美甲、護膚、彩妝等項目。

　　葉瑝雯在美髮院當學徒時，常主動跑去美容部門幫忙，有時協助美容師換水、洗毛巾、遞東西，有時替客人進行最基本的臉部清潔。在美髮學徒工作之餘，能周旋於美容部門，偷學美容技巧，像是給自己額外的獎勵。然而學姊提醒她，美髮的技術門檻較高，雖然相對比較辛苦，但是先專心學好美髮技術，再學美容會輕鬆許多。

✤ 美麗的傷害

一般傳統美髮工作環境潛藏許多隱憂，開了空調而緊閉門窗的空間裡，部分美髮用品正是慢性殺手；例如替客人作造型會用到的定型噴霧或髮膠，濃烈的香氣含化學成分，除了被頭皮吸收外，多半經由呼吸道被人體吸收，聞到的人可能因此吸入揮發性溶劑，長期接觸會損害內分泌系統，進而影響健康。

洗髮精、染髮劑或護髮等產品，會使經常接觸的工作者雙手過敏紅腫，尤其終日洗頭的手，因反覆接觸溫水及洗髮產品，導致雙手龜裂破皮，痊癒後又再裂開，這樣的惡性循環，是美髮從業工作者最大的職業傷害。

更有甚者，有些雇主以教育訓練為名，苛扣建教合作生或助理學徒的薪水；僅台幣幾千元的底薪，學徒為客人洗一個頭，業者再從中抽二十至三十元不等。加班沒有額外津貼，或沒有任何說明，或巧立名目任意扣薪等，這些存在已久的就業現況，一直循環不見改善。

許多人大多選擇咬著牙忍耐過去，相信總有熬出頭的一天；助理會熬成設計師，設計師則有機會自己開店。但是面對自己罹患的職業傷害不明所以，造成身體健康亮起紅燈，通常為時已晚。現今普遍較有勞工意識，加上台灣

於 2001 年通過職業災害勞工保護法，部分醫院亦設有職業病特別門診，因職業傷病至健保特約醫療機構就醫時，除了醫療費用可由職業災害保險給付，原來需要自行繳納的部分費用，以及住院三十天內，半數的膳食費及一般治療飲食費，也都由勞工保險負擔。職業病皮膚炎高危險群，例如美髮業，在工作環境中或工作後，因化學性、物理性或生物性等因素，導致或加劇皮膚病變，這類接觸性皮膚炎，症狀包括皮膚紅腫癢、脫皮、脫屑及結痂等職業傷害，可尋求職業傷害門診醫師的專業醫療診斷，並申請相關賠償，包括適當休息，以利身體恢復健康。

人們聽聞美髮界對學徒不公平對待的新聞，大多感到義憤填膺，甚至不理性的謾罵，但學徒出身的葉璿雯，卻能客觀地說，要學技術就是從根基打起，才有辦法慢慢進階燙髮、剪髮。有上進心不想一直洗頭的學徒，就會比較認真，一步步往上爬。努力升格助理、吹風手至剪刀手，再來就是設計師。天下沒有不勞而獲，不想吃苦從基層做起的人，就去補習班學，但是學費台幣二、三十萬起跳，基礎不一定打得很穩，也沒機會跟客人實際交流應答。「總之想學技術又想拿高薪是不可能的，很多人就是沒有想清

楚，倘若想清楚了，就比較能樂在其中，且更懂得珍惜。」

早期葉琇雯當洗頭小妹，也是台幣兩千五百元起薪，冬天洗到雙手皮膚嚴重紅腫潰爛，如今回憶起前塵往事，手上的傷口早已復原，去髮廊洗頭時，遇到認真的洗頭學徒，會特別給小費以資鼓勵。

她進一步分析，現今普遍美髮院給薪都超過台幣一萬元以上，而且很多店家還請不到人。慢慢的，學徒制也許會因為父母捨不得孩子吃苦，或是年輕人無法吃苦，導致技術出現斷層，甚至後繼無人。目前有的連鎖店已衍生出設計師自己包辦洗、吹、剪、燙等一條龍服務機制，或是因應不景氣而出現的平價式經濟風潮，歐美、日本也在流行，沒有洗、燙及染髮、只有剪髮單一種服務的快速理髮店。這股低價剪髮風潮也吹到台灣，街頭林立或在大賣場駐店，台幣一百元，費時八至十分鐘。

「出自手工的技術將會越來越昂貴，台灣也許會像歐美一樣，一對一的人力服務將進入高端的消費市場。」她說。

❀ 歸零，老闆變學徒

　　兢兢業業自營美髮店，年紀輕輕的葉璿雯收入頗豐，宋先生則對美髮工作環境頗有疑慮，又因為葉璿雯的皮膚白嫩細緻，面對客人推銷保養品時，有很大的說服力，認為她應該改走美容業。宋先生提出他的擔心，積極遊說葉璿雯轉換跑道。本就是單純又聽話的她，在宋先生的提議之下，葉璿雯絲毫不眷戀美髮店面帶來的穩定營收，因為當美容師，正是心中的夢想。

　　「那時，說收就收啊！」葉璿雯的表情像是要展開冒險旅程的孩子，要她丟掉手上的糖果也在所不惜。很快地頂讓了美髮店面，重新找工作。電話中與友人聊起想要轉行，朋友將她引進正在招聘助理的美容部門，月薪台幣三、四千元，從學徒做起。這是她第一個歸零的決定。

　　能踏進美容業，光是當個小學徒，葉璿雯就有美夢成真的感覺，早就做好心理準備，她期許以這裡為起點，一步步實現自己的夢想。

　　這是一家位於台北市南京東路的歐式美容沙龍，採用瑞士頂級保養品 La Prairie 服務客戶。這個保養品牌，本身有一座赫赫有名的活細胞療養中心，致力於抗老、凍齡、回春等研究，二十多年來熱銷不墜的活細胞系列產品，結

合科技、技術與頂級奢華，提供愛美人士凍齡秘方，由此可知，這個美容沙龍專門服務金字塔頂端的消費群。內部附設美髮部門，還遠從香港請來知名設計師駐店。

當時台灣的氛圍很崇尚國外進口的舶來品，掛上香港設計師或是歐洲進口保養品的招牌，都是奢華的象徵。美容部門占地五百坪，除了頂級大氣又舒適的裝潢，每個陳設於店內的擺飾，皆大有來頭且價格不菲。小學徒做著清潔打掃工作，每天被耳提面命叮嚀著要小心「這個古董從日本進口」、「那個瓷器價值百萬」。眼前所見的客人，都是花幾十萬元做保養的頂級尊榮會員，她們作完臉、洗完頭，只需伸直雙手，就有設計師呈上華服，為其更衣，再由司機接送到宴會場所。

她在這個大觀園中，見識了傳說中的貴婦，體驗到頂級好物，如此不可多得的人生經驗，葉瑃雯每天都提醒自己要好好學習。然而好景不長，才上班七個月餘，這家高級美容機構，或許是資金週轉不靈，一夜之間竟吹起熄燈號，無預警歇業，葉瑃雯不得已重新尋覓工作。

還好，年輕就是她最大的本錢，這一年她才二十歲，隨時都準備好出發。

✿ 零業績的刺激

　　二十一歲時應徵大型護膚機構美容師，在同一集團內，旗下另有詩芙儂國際企業有限公司，其商品多進駐各大百貨專櫃或藥妝品商場，主管認為葉瑃雯的美容背景非常適合詩芙儂專櫃，故而擅自將她的履歷轉遞，並要她到台中受訓。一頭霧水的葉瑃雯毫無心理準備，因而拒絕報到，詩芙儂公司處長等了她一個月，之後對方居然說，既然有美容背景，不用參加職前訓練，可以即刻上班。

　　拒絕到外地接受公司的職訓，公司反而答應可以直接上班；根本不想當專櫃小姐，對方卻遊說葉瑃雯一定要報到；總是被命運推著走的葉瑃雯，因為專櫃小姐的工作，逼得害羞的她必須與客人面對面互動。

　　每次在百貨公司看見專櫃小姐，總是穿著高跟鞋，筆挺光鮮的套裝，儀態婀娜優雅，殊不知她們每天站立八至十二小時，下肢累積過多壓力，導致靜脈血管失去彈性形成阻塞，這種靜脈不正常擴張的症狀，俗稱「浮腳筋」，有些人只有輕微的網狀微血管擴張，有些人會明顯感覺到身體不適，例如腿部抽筋、腫脹等，嚴重者皮膚潰瘍、併發蜂窩組織炎。好發於中年以上，久站或久坐、男女均有可能發生，年齡越大發生機率越高。

專櫃小姐除了要忍受小腿靜脈曲張的痛苦，面對不同客人得陪著笑臉，用盡耐心和忍功，有限的底薪加上努力推銷產品才有業績獎金，光鮮亮麗的外表下，專櫃小姐有著外界不知道的辛苦。

腿部職業傷害可以穿著專業彈性襪預防，然而業績壓力卻沒有任何物品可以替代。葉璃雯剛開始站專櫃推銷商品，業績常常掛零，雖然遭主管責罵，但她也很無奈，因為業績的確不好。有一天，學姊實在看不下去，因著同情而分她一百元業績，只希望她業績表上不要總是掛零，這樣的小舉動讓葉璃雯一直銘記於心，很感激學姊的好意。

從事房地產仲介的宋先生，本身也需要面對客戶，口若懸河的他，透過不斷聊天的方式，密集訓練著葉璃雯，不管是顧客關係、溝通技巧或是售後服務等，一直給予鼓勵與支持，儼然是葉璃雯口才訓練班的個人家教。漸漸的，葉璃雯的業務魂甦醒，蛻變成一匹跌破眾人眼鏡的黑馬。旁人納悶著，摸不清楚葉璃雯是如何說服客人買產品，卻見她陪同客人領了台幣五萬元取貨。三十年前的五萬元與今相比不可同日而語。當時客人的高消費力與葉璃雯的業務力，正是台灣經濟奇蹟的縮影。

　　在詩芙儂專櫃買美容產品，可以享有免費做臉的服務，漸漸做出佳績的葉瑃雯，從早到晚提著水桶，不停換水洗毛巾，一直幫客人做臉，從歐式美容機構訓練出身的她，專業做臉手法自然深受客戶歡迎，相較其他專櫃小姐，僅只是將產品塗抹於臉上，較無技術層次可言。

　　忙碌的專櫃工作，客人何時上門都不一定，三餐時間根本無法固定，隔壁就近一家麵包店，快速又簡便的紅豆麵包及一瓶鮮奶，是葉瑃雯最常用來果腹的餐食，在專櫃工作的那段時間，體重因此增加了好幾公斤。這樣的「職業傷害」自己都始料未及。

　　然而在專櫃工作壓力最大來源，是對業績的要求，好不容易拚到月底，感覺可以喘一口氣，但是隔一天又是新月份的開始，喘息空間太過壓迫，經年累月的被主管追著業績，已經很好卻被要求還要更好，周而復始的壓力循環，終令葉瑃雯感到極度疲倦，爆發離職的念頭。然而主管怎麼可能放走這個台柱？溝通之後，同意她先放三個月長假。

　　放假這段期間，仍有熟客不斷地打電話指定她做臉，於是葉瑃雯商借宋先生位於中和區民安積穗國中旁的工作室，沒有對外招攬客人營業，只為了服務這群來自詩芙儂

專櫃的 VIP。她印象很深刻，當時到工作室上班時，必定要經過一大片荒草叢生的墳墓，偶見人跡，是來自錯落於墓地當中的兩三戶民宅。雖然人煙罕至，自己卻一點也不害怕。那時向廠商訂製美容床，工人送貨到工作室時，還開玩笑地問說「這裡，是要幫鬼做臉嗎？」

　　生命中的第二個零業績，刺激她改變了職場上的人際應變，從此對客戶的服務，心態上有了莫大的調整，為將來的創業打下基礎。

葉老師
心靈保濕

我們的心是否像大地一樣，讓別人踩、踐踏以及吐口水呢？大雨下過後，地還是乾淨的，我們心也要一樣，在不如意時，喝一大杯水沖掉排出來就乾淨了。

裝著祝福的專櫃

　　葉琇雯回想自己還是新人的時候，必須到各大百貨商場專櫃代班，今天是遠東百貨，明天可能是某個商場，有時是填補請假人力的缺口，有時是支援新產品發表會。漸漸地，自己的業績明顯成長，慢慢可以站穩固定於北城百貨商場專櫃。二年餘，眼看漸趨穩定成長，百貨商場卻面臨轉型，許多公司被迫撤櫃，葉琇雯也因此失業了。

　　當時詩芙儂的處長對葉琇雯很好，二年多相處下來，同事之間也建立溫暖的情誼。撤櫃時，處長將北城百貨的專櫃送給葉琇雯，告訴她，若要創業就不必再買新櫃子。宋先生也思量葉琇雯服務過的熟客可能因此流失。這些經營多年的成果，若是付諸流水未免可惜，因而急忙尋覓新地點讓她開店。靠著敏銳的房地產仲介專業，不久便找到永和區頂溪捷運站附近的一家店面。

　　在家人與宋先生的支持下，葉琇雯開設了專為女性服務的美容護膚沙龍「小貝殼」，這店名來自某日靈光一閃的夢境。二度當上老闆，她才二十三歲。

　　店門口的招牌很小也不明顯，朋友好不容易找到地址走進來，還需確認一下，開她的玩笑說：「這裡到底是小香菇還是小什麼？」初期裝潢風格以童話故事為主題，時

不時以小人國等夢幻風格更新產品櫥窗。葉瑋雯把以前在專櫃工作的經驗,淋漓盡致地延伸,無非是希望能吸引更多過路客。

雖然身處童話風格的店面中,葉瑋雯並沒有與王子過著幸福快樂的生活。才一年的好光景,隔年該地區啟動捷運工程,建設過程挖坑整地,煙塵迷漫,附近住戶進入長達數年的交通黑暗期,商家更是叫哭連天,苦不堪言。

轉進小貝殼的唯一巷弄因捷運工程而被封街,僅供人行步道進出,不僅無法開發新客源,舊顧客也一個個流失,最後僅存五位經人介紹而來的貴客,她們來店消費時,有的從南部搭飛機來,有的司機開車送來,雖然客戶數不多,但是金字塔頂端客群的高消費力,撐著小貝殼營業額,逐漸做出百萬業績。

好不容易熬到捷運開通了,小貝殼的裝潢風格也悄悄改變,如今是奢華琉璃中國風,同樣不顯眼的招牌,門扉緊閉,不同的是訪客川流,絡繹不絕。走進室內,觸目可及會談區連著辦公桌,有著小奢華感的裝飾,空氣中香氛裊裊,耳邊是令人感覺愉悅、放鬆的輕音樂。葉瑋雯與英國 Dr. Dawn Cragg 皇家紋繡學院,唯一海外授權負責人合

照，一比一人形立牌落地靠牆擺著。幾個角落倚著葉瑃雯畫的油畫花卉作品，被翻拍應用於自己研發的美容商品包裝盒。牆上紛陳各種證照、美容造型大賽或是葉瑃雯擔任總評審的照片。

不管裝潢有什麼改變，店裡至今保留著老東家送的舊展示櫃，不但用來陳列商品，櫃子還存著前長官的鼓勵與祝福。在此紮根屬於自己的美容事業，舉凡織眉、紋眼線、新娘彩妝及皮膚保養等項目，服務無數愛美男女，包括知名藝人、達官顯要等，迄今三十年。

葉老師 心靈保濕

不要把下一代的錢在你這一代通通賺完，讓下一代人生無趣。

大家都在拼命追逐錢、錢、錢！不就是幾張紙做的。何必被幾張紙搞的一輩子不快樂。

取經歐洲美容業

　　十幾歲的年輕女孩，大多是清湯掛麵的學生樣，沒有保養皮膚的習慣，更遑論接觸頂級保養品。但葉琇雯就不同了，她在相仿的年紀，因為工作關係，已接觸歐洲系列保養品，例如來自瑞士，標榜抗老化治療的先驅，以頂級奢華著稱的保養品 La Prairie。二十三歲創辦小貝殼美容沙龍，至歐洲研習進修，有更多機會深入了解歐美頂級保養原料。經歷各種高級且奢華的體驗，使她再也無法回去使用平價或開架式的保養品。她深刻體驗到一分錢一分貨，是價格與價值成正比的最佳寫照。

　　開設美容沙龍，葉琇雯堅持使用最好的保養品服務客人。通常產品業務人員上門推銷，只要簽下百萬合約，即可受邀至研製商品的原產國家上課，學習產品使用方法。一般是由業務人員約齊百萬合約店家組成一旅行團，團員共同聘請翻譯人員隨行，以便在研習過程中，清楚理解上課內容。同行中也有人自費聘請一對一翻譯。研習之餘，也安排旅遊行程，見識歐洲的藝文風情。

　　因為簽下產品合約，葉琇雯第一次遠赴歐洲，接觸德國倡導的「順勢療法」（HOMEOPATHY），並親自見證療效。順勢療法，顧名思義採用自體順勢而為的療癒法，

屬於德國民俗療法，起源於十八世紀末德國醫生哈尼曼
（Samuel Hahnemann）研發，他的理論是，在常人身上造
成某種症狀的藥，可以用來治療產生這種症狀的疾病，為
「以同治同」法則。

　　去了歐洲之後，葉瑨雯對各國美容知識更好奇了，於
是到法國香榭大道旁的達芬奇美容護膚機構修業，學習芳
香療法；到瑞士研習活細胞抗衰老療程等等。葉瑨雯說這
些歐洲的美容保養知識，認識愈多，愈令她崇尚歐洲人主
張「尊重人權、愛護自然」的觀念。

　　在這十年內，她多次遠赴歐洲短期進修，取得多種國
際專業資格。期間陸續生了三個女兒。事業與家庭之間能
取得平衡，多虧貼心的先生與家人，他們都是葉瑨雯最可
靠的後盾，所有的辛勤奔波，像倒吃甘蔗一般漸至佳境。

　　以美容技術見長的她，其實並不愛讀書，用乙級證照
資格修畢二專學歷後，進而攻讀中華技術學院生物科技系
碩士學位，選修與美容工作相關，舉凡健康科技、化妝品
研發及中藥草療效等，都是她持續苦修奮戰的學科。「每
個階段都有想做的事。」一樣每天二十四小時，那麼忙都
可以撥出時間讀書，希望藉此鼓勵身邊朋友，也能利用時

間多多充實自己。

　　儘管繁重的作業、報告及論文等，也讓她傷透腦筋，但因為是工作上會運用到的知識，愛自己所選擇的，所以不以為苦，「往好的方面想，貴人都會幫助你，全宇宙的正能量都會向著你，起心動念很重要，盡量不讓負能量影響自己。」

葉老師
心靈保濕

你是否每天都在怪沒貴人、小人多？試問自己是否就是小人，才跟小人來電。自己是否不曾當過別人的貴人呢？

開運織眉

從兩個零開始

57

第三章

織眉代言人

　　機會，總是以不同方式給予葉瑋雯；因緣際會遇到生命中的貴人蕭湘居士，入師門習相學，結合自己與生俱來的美感加上織眉專業，以開運繡眉為服務主項，重新點燃眉毛微整形的風潮。經常受邀於電視媒體上談論繡眉、開運及美容美髮造型，非常受到消費者歡迎。至此，葉瑋雯的名字常與開運繡眉連在一起，幾乎畫上了等號。她說「現實是我選擇了繡眉做為職志，但更貼切地說，是繡眉選擇了我。」

　　古詩云「畫眉深淺入時無？」我的眉合乎自己的樣貌嗎？切合時尚嗎？古人尚且知道妝容須符合時尚標準，而今許多美容造型或命理專家更指出，不合宜的眉型不但影響外貌，甚至影響工作、家庭。例如香港《經濟日報》電子版於 2017 年露出的新聞 [註]：

　　成都一名女子小陳在公司擔任前台接待，為了與另一位前台競爭董事長助理的位置，特地跑去紋眉，想在員

工投票中增加勝算，沒想到紋眉後，眉頭棱角分明如同刀切，顏色又黑又濃，神似海苔，因此被大家投反對票。「反對的原因就是我這個眉毛太影響形象了。」她氣得要求美容店家退錢，但店家不答應，雙方吵得不開交。有網友笑說：「這是關公？」、「海苔眉？這眉毛毀的不是一點點啊……」網友的評論讓小陳更加覺得自己受騙了。有律師受訪時指出，「在訴訟過程中，法院可以進行論證鑑定，她確實透過這個紋眉沒有達到美容效果，還有醜化的效果，法院就能判定美容院應賠償和修復。」

因著這個新聞，葉璀雯也預言，中國大陸不久之後會有很大的洗眉市場崛起，很多人會發現原本紋的眉毛美感不足，或是效果不盡人意，因而想要洗掉重來。

新聞資料來源
香港經濟日報（2017）川女紋眉出事變「關公眉」升職夢碎（http://china.hket.com/article/1619759/）
東森新聞雲（2017）　紋眉紋成「海苔眉」要選董事長助理被投反對票（http://www.ettoday.net/news/20170109/845484.htm）

漫談紋眉歷史

自先秦時代即有黥刑的記載，是在犯人臉上刺字以為警示。南宋時期則有抗金英雄岳飛，在背上刺了「盡忠報國」以明愛國之志。世界各地原住民則在面部刺青，象徵不同的社會階級與地位。英國維多利亞時代的婦女就流行紋紅唇。而今現代人則是因愛美或好奇、趕潮流或紀念某段感情而在身上刺青。

說到「台灣紋眉史」要追本溯源一位刺青鼻祖黃姓師傅。1970 至 80 年代，當時道上兄弟流行「左青龍右白虎」紋遍全身。這位黃師傅也是一邊嚼著檳榔，一邊替客人紋身。某日陪同別人紋身的女士，抱怨自己沒有眉毛，腦筋動得快的黃師傅，遂將紋身技術及工具平行轉移至臉上，「紋眉」因此一炮而紅，許多苦無眉毛的女性如獲甘霖。

客人之間口耳相傳並相繼提出紋眉需求，美容、美髮業者迅速引進相關紋眉器材、顏料等，便開始提供紋眉服務。漸漸衍生出一種特殊風潮；原本單純只想做臉或洗頭的客人，在美容師或設計師三寸不爛之舌鼓吹下，不少女性做完臉或是洗完頭，同時也多了一對新眉毛。

當時紋眉技術並不成熟，許多從業人員手藝與技巧也不太精準，且使用的化學工業染料配方不穩定，一旦沾到

血容易擴散或變色，更嚴重者色料脫落或變質。而這些美容師，不知如何解釋這種造成眉色變藍、暈開及擴散等現象，信口穿鑿附會，以訛傳訛，牽連掉色原因與客人血型或不同膚質有關。不少婦女素顏沒有化妝的時候，兩道不自然的眉毛，在蠟黃的臉上更是明顯。許多女性帶著一對不青不綠的鐵絲眉，不知如何是好。熱潮過後，好長一段時間，人人「聞」眉色變。

鐵絲般的細眉流行過後，開始反轉流行粗眉。坊間出現一種填色似的手法；美容師會先描出眉型外框再將框內塗黑，又濃又黑的模樣，看上去顯得極不自然，這樣的眉型常被戲稱為「海苔眉」、「蠟筆小新眉」。如此生硬毫無美感的眉型，時至 2018 年仍有所聞。總之不管流行什麼眉型，美容師的手法與美感至關重要。

現今美容新手若想學紋眉，坊間有相關美容補習班、培訓證照班或創業輔導班等機構林立，選擇甚多，每期三、五天不等的訓練課程，有的含材料或真人指導實習，學費大多台幣萬元起跳。但是早期美容市場，從業工作者大多沒有機會及環境接受紋眉專業訓練，業者僅一窩蜂地增加這項美容服務，連眉型及色料都不怎麼下功夫，遑論講究

眉毛搭配人相及臉型黃金比例等極關鍵的問題。無怪乎，葉瑋雯的「開運織眉」一經媒體批露，旋即掀起一股風潮，尤其走在潮流尖端的藝人、貴婦等趨之若鶩爭相介紹。

這十多年來，在國內外相關專業人員的研究之下，已有廠商開發出天然無害的染料，技術方面也有繡眉、網眉、柔眉、飄眉、織眉等將近六十種手法。這些琳琅滿目的技法，總歸可區分成兩種，一種紋繡後像是自體生長的眉毛一般，又名「仿真眉」。另一種則像是眉筆刷、畫出來的樣子。因應客人職業需求、年齡、喜好、臉型及臉色，加上好的色料與技術，做出完美眉毛並不困難。

葉老師
心靈保濕

想想自己到底怕什麼？要什麼？想清楚就快樂了。

好運與好命靠自己一點一滴養出來的。

開運織眉緣起

　　尚未創立小貝殼美容沙龍之前，已經在客人半鼓勵半要求之下，到處上課學習紋眉技術，葉瑒雯憑著天生的美感替客人紋眉，也慢慢做出口碑。雖然使用的是美國製造品質很好的電動紋眉機器，但是廠商只能提供工業用化學染料，令她不甚滿意。

　　「是一位業務介紹，地點在新北市三重區，花了台幣三萬元學紋眉，號稱三天出師。」追憶起二十多年前的往事，她還記得紋眉老師要求學員必須帶兩位朋友同行，葉瑒雯帶了母親及阿姨一起前往，老師以阿姨為模特兒當場示範紋了一邊眉毛，立即要求葉瑒雯上場替母親紋眉。「根本沒有心理準備，當時真的嚇死了。」回想起來，雖然對老師的教法不以為然，卻很感謝老師用趕鴨子上架的方式，逼著自己脫離紙上談兵階段，直接進入替真人紋眉的模式。

　　說來也很有趣，母親當時是葉瑒雯練習紋眼線的模特兒，不知何故心裡留下了陰影。被外界尊稱為開運繡眉大師的女兒，客人都要排隊預約三、五個月，甚至超過一年，若說要替自己織眉，葉媽媽則一律搖頭敬謝不敏。

　　2002 年，易經哲學研究發展協會理事長蔡上機，在台北市京華城百貨公司創辦第一屆「命理博覽會」，廣邀各

行各業與命理、開運有關的專業人士，二十三歲的葉瑋雯受邀以開運繡眉主題辦講座，當時在她對面攤位的命理老師蕭湘居士生意非常好，他第一眼看到葉瑋雯便直言「以後就以繡眉為主吧，妳會成為世界級的高手、開運眉的大師。」因緣際會，葉瑋雯從此拜在蕭湘居士門下，精進面相命理。

　　本名蕭建藩，生於湖南省湘鄉縣，在台灣以「蕭湘居士」為名替人看相，當時已是知名的相學泰斗，葉瑋雯卻對他一無所知，也對其盛讚不以為意，然而神奇的事跡逐漸開展；命理博覽會結束前，中天電視台新聞現場直播，採訪葉瑋雯主講開運紋眉，才短短幾分鐘的訪問竟讓她一炮而紅，來自四面八方、國內外明星藝人、主播、股票上市公司總裁老闆們、名媛貴婦甚至夫妻檔，要求織眉的客人絡繹不絕。當時電視台頻邀她上現場直播節目談織眉或命理，節目中固定的班底，十五位命理老師，唯獨一位美容及面相雙專業，就是葉瑋雯。應驗蕭湘居士的預言，因著媒體的傳播，一夕間成了台灣紋眉界「師字輩」人物，全盛時期登門預約織眉的客人，得要排到三個月甚至兩年後。

她之所以被外界稱為「開運織眉專家」，最主要的貴人是蕭湘居士。然而學習織眉的過程非常艱辛且所費不貲，各種色料廠商、國內外專家來台開課，葉瑢雯必定排除萬難前去學習，不管幾點下課，晚上回家必定再用羊皮練習當天學到的技巧。種種苦練及投注時間，才淬鍊出今天的實力。

　　產品及技術發展日新月異，葉瑢雯聽聞哪裡有新技術，必定不辭千里前去吸取新知，兩天的課程，她往往第一天聽了兩小時便不再浪費時間，回來仍然採用自己原來的技術；因為經過聽課可以驗證，並對自己的技術更加有信心。

　　現今投入繡眉產業已超過數萬人，也造就台灣美容產業技術先進優異，例如紋眉、紋唇、紋上下眼線等（又稱隱形眼線）技術特別卓越，不但讓很多國外客人遠渡重洋來台紋繡眉毛，同時也吸引國際間的美容師來台灣研習，報考相關證照。

　　葉瑢雯展示著最新的織眉筆刀，藝術品般的水晶筆桿，筆頭呈現略為曲折的角度，符合織眉時的人體功學，筆尖有七支細針緊密地排成一列，間距大約是人體眉毛上的細孔那般大小，筆尖沾上色料便可進行織眉。另一種也是手

持，但需插電，轉速每分鐘兩萬五千轉的電動筆刀，筆尖同樣是拋棄式的尖針。兩種工具各有不同的難度；手工雕琢有其細緻獨到之處，可慢慢織出宛如自體生長的天然眉毛。而電動筆刀雖然神速，下針較深，色料也可以較深入皮膚，維持時間較久，適合使用於較大片紋繡的面積。但對於高轉速工具難以掌控的老師，則具有危險性且充滿挑戰。

手工或電動的工具都難不倒葉瑢雯。有的客人想要眉頭淺淡，或年紀較輕，想要自然眉型，便得用手工細織慢紋，但這種半永久式織眉，僅維持三、五年左右。有的客人想要眉型維持十年持久不掉色，便用電動筆刀將色料刺入較深層的皮膚。其中的細微末節，是葉瑢雯錙銖必較的專業內涵。用過的排針，儘管水晶筆身像支昂貴的高級鋼筆，她仍棄之毫不手軟。只要是客人用過的針套、針盒及色料全得拋棄，因為衛生問題關係到客人健康，不能因小失大。

早期沒有這麼多選擇之前，美容師是用竹筷細細纏綁著縫衣針沾顏料織眉，為了牢牢綑綁細如髮絲的針，製作過程甚是麻煩，可想而知美容師捨不得用過一次就丟棄，

會重複使用也是人之常情，再者無人意識到尖針刺眉產生的傷口，加上重複使用的工具，成為傳染病的散播源頭之一；感染 B 型或 C 型肝炎、梅毒或愛滋病等時有所聞，為了愛美而影響身體健康，衛生問題不可不慎。

繡眉分不同技術及手法，色料及扎針方式也能因應客人不同需求，再依美容師慣用方法搭配手工或電動筆針。美式手法可維持一、二年，法式則三至五年不等，屬半永久式織眉，港台式手法則可以維持十年左右，屬永久式織眉。

不管是何種手法，皆有優缺點，但聽起來「永久式繡眉」感覺較划算，然而，人的容顏會因為歲月增長而有所改變，不同階段運勢也有所不同，或者千變萬化的時尚潮流，也常在不同時期定義不同時代的美。

且看近年來韓劇在亞洲大行其道，帶來的周邊效應形成一股「韓流」，女藝人們流行的韓系粗平眉，宣稱特別適合亞洲人臉型，其柔和的感覺有瞬間修飾小臉神效。葉瑮雯強調，是否真的想擁有十年不變的眉型，織眉之前與美容師仔細溝通是極重要的環節。

若有之前紋壞的眉毛，不管是眉型變得不喜歡，或是

眉色有了變化等,目前有很多方法可以補救,例如醫美診所,或皮膚科,用冷光機器「洗眉」、「蓋眉」,但缺點是四個月後會出現彩虹一般的多色眉毛。「切眉」是動手術的方式,將紋壞的眉毛切掉。不論何種方式都有後遺症,都要在消費前做足功課,多聽取專業建議。

除了繡眉及紋眼線之外,也有紋繡嘴唇的項目,有些唇色太黑或是太白,唇形太薄或太厚,甚至形狀歪斜,希望有完美嘴唇的人,可選擇紋唇改善唇色及形狀。

「在日本甚至有紋繡眼影及腮紅。」葉瑋雯說,歐美人種五官深邃,較不重視紋繡眉毛或眼線,類似的技術反而是應用於醫學上,例如改善因車禍產生疤痕、天生臉部畸型或病變。

對於流行資訊的掌握,除了來自網路世界的大量資訊,加上開店實戰經驗,更因出國工作擔任美容賽事評審或裁判長之便,督促自己在各地吸收各種美容新知。

結緣貴客無數

　　葉瑋雯對於色彩、線條、3D 立體空間很有概念，加上與生俱來的美學天份，蕭湘居士也認定繡眉開運非她莫屬。

　　某年，與一位從事直銷的總裁夫人，結緣於中國廣州美容博覽會，第一次為她畫眉，才畫完，總裁夫人詫異又驚喜地說，「你怎麼知道我就是喜歡這種眉型？」這位夫人愛美程度是出了名的，光是聽到她聘請了一位專職美容師隨侍在側，專門為她畫眉毛，便可猜測一二。醉心於葉瑋雯的神技，2016 年三月，夫人特地飛到台灣找她繡眉。仔細端詳卸了妝的總裁夫人，葉瑋雯淡淡地說，「這對眉毛……你跟老公講話，他都沒在聽吧？」簡單開場不僅讓夫人震懾，立即要求織眉及紋眼線，過程中，葉瑋雯斷言夫人九月生日時會走大運，果然時候一到，聽聞她接下集團第二把交椅的高位。

　　百億身價的總裁夫人像個小女孩一般，開心欣賞自己新生的眉毛，除了每天要自拍至少二十多張照片發到微博，早上起床第一件事必是攬鏡自照，非但不隱諱自己繡眉，還開心的大方分享，接受來自四面八方的讚美，無形中更提升了自信，連帶令事業更加坦順。倘若有公務過境台灣，下榻台北圓山飯店，也必定聯絡葉瑋雯晚上要碰面聚聚。

時間一到，必定有司機及禮車一類的高規格接待。所有夫人幫的貴婦成員皆被葉瑈雯征服，只因為她的開運織眉神技非常專業。

一位上市公司的男性高階主管，透過朋友介紹來織眉。當他第二次回來處理定色步驟時，向葉瑈雯分享第一次織眉回去後，好運即刻隨之而來，說是一個難以處理的客戶，居然就在他處理眉毛回去之後搞定。

一位單親媽媽，織眉前爛桃花不斷，織眉後半年，美好的正桃花令她重新走入一段令人稱羨的婚姻，事業也爬上不錯的位置。因著開運繡眉與許多客人結緣為好朋友的故事，猶如一千零一夜情節，不勝枚舉。

說也奇怪，客人繡眉前拍照大多毫無表情，織眉後再拍，嘴角都會不自主往四十五度角提升，彷彿是從內而外傳達出的滿意，那種掩不住的愉悅，連眼睛都含著笑意。

葉瑈雯的織眉技術在業界是有名的快、精、準。擔心客人有心理作用的痛感，在未察覺的情況下，極短時間內便完成工作。磨了三十多年的劍，只要出鞘必定精準抓住客人需求。

謙稱是老天爺賞飯吃，葉瑈雯靠繡織眉闖出一片天地，

她在自己體力有限的範圍內，控管服務人次，兼顧工作品質及家庭生活，「錢夠用就好。」她工作這麼多年，從未有職業倦怠，在客人不斷變得更好的回饋分享中，樂在這份工作，相信自己有好磁場可以吸引好客人。就曾有客人說，「奧客可能到處都有，但是葉老師自有一套處理方法，將奧客的頻率降低，久而久之這個工作室就會充滿好的磁場能量。」葉璿雯提到特別喜歡服務同行，不管是彩妝師或美容師，「因為彼此有共同的溝通語言。」充滿自信加上善意的出發點，從不害怕被同行踢館，正是真金不怕火煉的寫照。

午後，一位穿著時髦的中年女士，牛仔勁裝包裹著消瘦的身材，沒有預約臨時闖了進來，「老師，我想紋眉。」大大兩圈耳環，襯得臉龐好小。雖說是預約制，對忽然闖進來的客人也耐心聽著她連珠炮的訴求。女客脫下精緻棒球帽，巴掌大的臉上掛著一對乾乾的鐵絲眉，明顯是十幾年前的傳統紋眉手法，葉璿雯雖然一直在聽她說，仍趁隙打斷，「這對眉毛重新處理，你講話就不會這麼快，也會變得比較好命。」女客聞言立即噤口，半晌才說，「老師你怎麼知道……」說不出口的話，就這麼凝結在空氣中。

雙方沉默了三秒，葉瑇雯將她交給助理，預約時間下次再來繡眉。送走女客，葉瑇雯肯定的說：「她的眉毛改了，一切都會變了。」

不同眉型適合不同臉型，不同眉型也會呈現出不同的個性。再結合氣色及運勢，整體而言才稱得上開運織眉。每位織眉的客戶再回來時，葉瑇雯首先會詢問：「最近脾氣有沒有改變？」因為個性決定一生的命運，個性沒有改變，任何事都不會變好，儘管你的個性是較粗魯或大辣辣的，把面相弄得較柔美，無形中做人做事會漸漸變得溫柔。

技術是無價的，紋繡眉的價格高低取決於消費市場，可以接受的人自然會成為葉瑇雯的客戶，寧願客群少但做得精緻；當年媒體採訪後走紅的葉瑇雯，即便收費不低，小小店面來客絡繹不絕，預約得排到兩年後。大陸客群對好的紋眉老師更是求才若渴，動輒幾十萬甚至上百萬消費毫不手軟，說明大陸市場的無限可能。

若是單純繡眉，門檻是很低的，如何透過繡眉讓鼻子看起來變挺、顴骨消失的效果，就不是人人可及的技術。曾接獲英國邀請，談論東方命理及美容化妝等相關專業，葉瑇雯以開運繡眉為橋梁，搭起東西方美的交流，衝擊出

不同火花。

　　很多上班族甚至學生族群，存一筆錢只為紋眉，也具備正確觀念，知道好的紋眉技術並不便宜。若是本身眉毛很濃密的人，自然無法理解沒有眉毛的人有多痛苦，而現今多數想紋眉的人，已有較好的觀念，願意省吃儉用存下一筆錢，找一位技術及美感兼具的好老師紋眉。相較以往去沙龍做個臉、洗個頭，輕易就被遊說紋眉的現象，已經大不相同。即便有人眉毛本來就很濃密但是沒有型，甚至長得像菜刀一般，不僅影響五官，也不利於好的運勢，葉瑨雯建議還是要修整一番比較好。

　　在日本，大多人願意花錢用兩個鐘頭，請造型師指導適合自己的穿著。然而葉瑨雯認為「美可以很簡單」不需要花太多時間跟金錢，買七套質感好一點的衣服當上班制服，穿壞了再買新的，「用質感好的物品，養出自己的氣質與氣韻。」這是她對美的主張。

\劃重點/

　　織出一對好看且適合臉型的眉毛與眼線，能讓人臉型變小、鼻子變挺、顴骨橫張消失，簡單保養後上妝即可出門。

　　不必動整形手術，卻能變美、運勢變好，相信這是每個女人夢寐以求的事。

　　關於開運織眉：

1、正確的眉型長度，可以修飾、包住顴骨。相反的，眉毛中間斷掉，顴骨就會跑出來。

2、鼻子太塌或太短，可以從眉頭調整，無形中將鼻子拉長。

3、正確的眼線位置與重心，可讓雙眼變得炯炯有神，光彩奪目。

4、高超的紋眼線技術，可改善眼皮鬆弛下垂的眼型。

織眉前的溝通及後續保養

　　不理想的眉形，例如八字眉，或是眉毛稀疏、色淺、過短，甚或外傷、手術引起的眉毛缺損、疤痕等，透過織繡眉可以改善。葉瑒雯說好看的眉毛有「微整形」之效，那種境界就是「不清楚你到底做了什麼，但是明顯感覺人變美了。」繡眉就是最經濟實惠的微整形，其中學問不少；要找哪位老師、織出什麼樣的眉型、織完眉後續保養等問題，若是沒有做好功課，微整有可能變成「危」整，整型變成整人的新聞，如前文所述不可不慎。

　　一位美容業同行陳小姐來織眉之前做足了功課；不但問遍有經驗的朋友，上網查找資料，看過葉瑒雯所有的織眉作品，最後才下決心來電預約。她說朋友在日本紋眼線，已經紋了一半，卻因為太痛而無法繼續。「難道葉老師替你繡眉時完全不痛嗎？」陳小姐形容：「每個人有不同程度的緊張感，畢竟機器得接觸到眼睛很敏感的外圍，但疼痛感可以說幾乎沒有。」說出了大多數客人的感受。

　　陳小姐看過葉瑒雯在台灣三立電視台的影片，每位來賓都在片尾一分鐘開運內容中，分享預防小人的妙招，其他老師大多分享戴飾品或擺物品等物理性方法，只有葉瑒雯開門見山直言：「調整自己不要成為別人的小人，就是

最好的方法。」一般命理老師大多吹捧自己，或是說些迎合觀眾的內容，但葉瑃雯剛好相反，「從事一份工作，站在可以幫助對方為前提，這樣的格局是令人欣賞的。」可以感受到，這位美容業同行打從心底佩服葉瑃雯。

正在織眉的當下，葉瑃雯問：「妳需不需要對男人溫柔一點？」如果有此需求便會修飾眉峰不致太高，若缺桃花，就要加入會增添桃花機率的色料。需要什麼就添加什麼，彷彿巫婆調配湯藥，只要許願就會幫你實現。

做足功課，選擇確定後就全然相信。織眉過程中也持續充分溝通，確定心裡想要的、老師能給的，是否達到一致。陳小姐說，本來只想紋上眼線，後來經過葉瑃雯建議試畫之後，一根一根自然擬真的毛髮，躍然眉梢，令她大為心動，開心地說「完成織眉及紋眼線，最大的好處是卸妝前後沒有違和感，差異不大。」

「每個行業都有自己獨到的竅門，一樣是賣牛肉麵，不同廚師就會煮出不同味道。」以葉瑃雯而言，這個秘密武器或說私房技巧，只有信任她並躺在店裡美容床的客人，才能體會箇中滋味。陳小姐問增加桃花的顏色加了嗎？葉瑃雯說加了，縱然外觀看不出明顯差異，但心裡油然生起

的自信心，這層玄妙的心理作用，就足以讓自己充滿自信，昂首走出大門。因為陳小姐本身修佛，佛學老師教導要相信自己的第六感，她因此體悟自己與葉琇雯有這層緣分。

葉琇雯強調，織眉時應該注意不盲目跟隨流行，並要注意美容師的美感、成熟的技術及好的色料，若能請美容師先進行試畫為佳。瞭解溝通的細節，現階段沒有紋眉需求的人也可以試著了解。

繡眉後不需特別保養，不化妝即呈現淡妝效果，需要濃妝效果，可以上彩妝加強妝容的濃度。織眉後三至五天結痂，傷口會有些微搔癢，須等待結痂慢慢自然脫落，白色的屑屑完全脫盡後，眉型就會十分生動自然。

第一次塑型後，須於一至三個月內進行第二次定型，調整眉型及顏色，設定維持眉型的年限，一至八年之間，想維持多長時效，全憑個人喜好。整體過程，包含等待麻醉藥膏發揮作用，歷時約二十至三十分鐘。

淺談人相學

人生在世，大抵都是為了功名利祿或健康快樂而活著，有的人靠自己奔波忙碌，有的人因貴人相助而平步青雲。葉瑃雯表示當精子碰上卵子的那一刻，就決定了人的富貴或貧賤，跟何時剖腹沒有關聯，況且就算天命不好，靠後天努力改善，運勢亦大有可為。

「不怕相比相，就怕不識相。」經常重複著蕭湘居士這句名言，葉瑃雯說一個人的健康、命運及個性全寫在臉上，習人相學就是學這個「見相識人」的精神。其中學問涵蓋遺傳學、生理學、中醫學、化理學、西方解剖學等，可以探討所有關於人的切身問題，答案就在臉上五官、紋、痕、斑、痣、體態、聲音、氣質、骨相、氣色等。

例如鼻看健康、財帛；眼看智慧、正邪；眉看個性、人際關係等，這也是為什麼世上有形形色色的人。葉瑃雯進一步分析「相不能獨論」，她說最困難的一門課是學會看人的氣色，不同氣色表現出不同的運勢，需綜觀不同相學，評論一個人的運勢才比較客觀。氣色要在三秒內且素顏狀態下斷定，一直看反而不準。人人都喜歡聽「我什麼時候運勢會變好？」想了解這個答案，主要就是觀察氣色，然而師出同門的人，論斷面相時也會因個人理解力及狀態

不同，而有不同詮釋，個性較積極或較消極的人也會就不同角度去論斷。

中國醫學家認為，口可謂脾之竅，義興之外戶，由一個人的口唇與色澤能判斷其人的身體病理狀況，相學家認為口為語言之門、飲食之具、萬物造化之關，細察口型與周遭可預測人的富貴與窮通。

眉毛主導貴人，個性如何，脾氣好壞也可以從眉毛看出端倪，而眉頭看肺及心臟，眉尾看夫妻宮。眉毛也稱兄弟宮或交友宮，一對好的眉毛象徵個性好，可以帶來好的貴人及良好的人際關係，若眉毛只長一半，或長得太少太稀疏，做事多半有頭無尾，個性較急，也易遭來小人。眉毛太濃要修剪，眉毛太少一定要畫。很多人眉尾稀少或斷掉，白天有畫眉，講話做事積極有力，但晚上卸掉時又出現另一個性，例如夫妻溝通變得很急，或溝通不良。不同面相表現出不同個性，而個性決定命運，透過後天技術改善面相，有機會改善脾氣，變得較不暴躁。

國內外文獻皆有記載，如果想要變美麗，好好關心臉上的一對眉毛，它會改變你的容顏，進而改變命運。葉琇雯建議選擇一位好的美容師，為自己量身打造適合的專屬

眉型，並符合人相學中「色相美」與「相理美」，才能得到改運的效果。

蕭湘居士曾說，在台灣從事織眉行業的人很多，但真正能織出既美麗又符合人相學中「相理美」標準的老師很少，倒是符合「色相美」標準的很多。主要原因是從事織眉的老師們，絕大多數不懂人相學，因此繡不出符合「相理美」的好眉，無法令人在事業、感情婚姻及人際關係等層面產生加分效果。

「色相美」是一般世俗眼光的美，例如偶像劇中的俊男美女。但有一種也許不符合世俗眼光的美，卻有另番不同層次的美，例如國家元首夫人的官相，即是「相理美」的一種。

蕭湘居士表示，若一個人的眼睛外觀生來有缺陷，除了找專業醫師尋求生理和心理的醫治外，還可以進行眼睛微整形，例如紋上下眼線加以美容，除去或掩飾眼睛的瑕疵，不但增加美麗又能增強自信心，一旦有自信，伴隨而來的是人際關係改善，進而事業、工作或婚姻感情，都將獲得意想不到的正效果。

知道眾人愛聽好話，蕭湘居士替人看相時，首先會問：

「想聽真話還是假話。」看相很保守的他總勸客人要容忍。

「若是先生給家庭經濟無虞，但是對妻子暴力相向，這樣做妻子的還要忍耐嗎？」葉琇雯轉述一個小故事，她說蕭湘居士曾有一個豪門女客，雖然華服美食不缺，卻長期被先生家暴，上門來求問該不該與先生離婚。蕭湘居士一反常態，不勸離也不叫她忍耐，只給了她一頓責罵，直指她心中的貪嗔癡三毒，加上嘴上不饒人的個性，嫁給誰都會自找苦吃。

葉老師
心靈保濕

有很多人很喜歡張開口就抱怨人，嫌人家幾句也好，這是習慣性，自己的心沒這意思，可是嘴巴關不起來。常把恩人也講、討厭的人也講，是非不分，這種人如果是講你，你不需要難過、生氣，因為他是隨便講，我們也就隨便聽，不需太認真，情緒不需被別人牽絆著，這樣人生肯定不快樂。

好眉五大要素示意圖

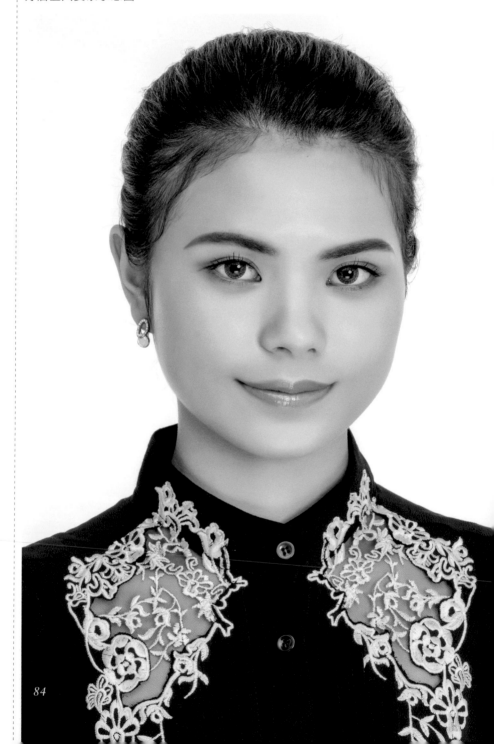

談面相

好眉五大要素

「葉瑝雯國際開運繡眉」經新聞媒體露出，打響知名度後，一時間織繡眉、紋眼線的客人趨之若鶩，同時間經常受邀上命理節目暢談面相。她說一對好的眉毛，有諸多要素：

第一、眉要退印。以女性而言，眉要退印兩指，男性則要退印三指為好，「印」指兩道眉毛中間位置，稱為印堂又叫命宮，是人生運勢的重要開關。開闊的印堂，象徵開朗的人生，不會多憂多慮。

第二、眉要過目，最好超過眼尾四十五度，眉毛太短，表示個性很急，跟配偶溝通不佳，嚴重者導致離婚。

第三、眉要有揚。眉陵骨上的角峰，在面相上是靠山，正所謂揚眉吐氣，是其最佳隱喻。

第四、眉要有彩。稀疏斷裂，或是黃黃的，貌似營養不良，都不利於運勢，具油亮感為好。

第五、眉忌壓眼。眼皮為田宅宮，有雜毛最好要修整，避免看起來眉毛與眼睛太過相近，寬闊的田宅宮為好。

第六、眉要居額。眉毛要讓其位居自然生長的位置，也就是眉陵骨上，切勿將眉毛剃光，重新畫得太高或太低，

影響面相及運勢。

情份宮：眉毛

　　若不滿意自己的五官，那就只能透過專業醫師手術改善。唯有眉毛可以自行再造，任意修飾重新賦予生命，甚至改變容貌，進而影響運勢。

　　眉毛為兄弟宮及交友宮，用來觀察情份，包含脾氣、個性及財帛，家庭中是否夫（妻）賢子孝，端看是否長有一對好眉，若眉長不過目，情份宮無守，容易招來不好、不適當的對象，或有晚婚現象，或者論及婚嫁就出現問題。

情緣宮：眼睛

　　眉為龍，眼為虎，不管男性或女性，要眉目傳情或表現眉開眼笑，都是一雙好眉及有神的眼睛。外觀看起來有神的眼睛，來自健康的五臟六腑。又眼睛稱為情緣宮，健康有神的眼睛，易帶來好人緣且桃花不斷，同性或異性，小孩或長輩都受其吸引。反之，無神的雙眼對事物常有錯誤的判斷，也是不健康的身體表現。

　　一對健康明亮有神的眼睛，通常運勢極佳，智慧與個性也在最好的狀態，非常有利於學習。反之眼睛無神，運勢不佳時，智慧與個性處在低下狀態，無論怎麼學習都會

事倍功半，甚至不知不覺會做出莫名其妙的事。無神的雙眼，除了需要充分休息或良好的睡眠之外，可以靠化妝彌補，刷睫毛及畫內眼線，讓瞳孔看起來比較大又有神。

適當的眼睛尺寸在相學中甚為重要，以女性而言，圓圓大大的眼睛固然漂亮，但在相學中僅得到五十分，單眼皮則有八十分，最棒的內雙一百分。大眼睛面相屬於個性衝動，較見義勇為，也容易無法深思熟慮而被騙。總之眼睛無神或有黑眼圈，對運勢都是非常扣分的狀態。

情慾宮：鼻子

兩眼之間稱為山根，也是鼻子的起點，又稱健康宮，鼻子的範圍從山根算起到鼻準為止，是為財帛宮，包含了鼻樑，看賺錢能力，鼻準看進財多寡，鼻翼看理財方式，鼻孔看破財程度。鼻子也反映健康狀況，當山根呈現暗黑色，是胃腸和脊髓疾病的先兆，如果山根浮現青筋，則有可能腸胃出現毛病。若鼻上兩眼間的皮膚沒有光澤，就表示心臟功能衰退；另鼻樑發青就可能有肝臟衰弱問題，鼻準也反映脾胃健康。

鼻子表現情慾，管生殖系統，不管男或女相，鼻肉垂墜較易糾纏另一半。山根到鼻準都要照顧，鼻準及鼻翼都要有肉為佳，有利老運發展。不管是透過美容或化妝的方

式，維持鼻子皮膚乾淨發亮，山根至鼻梁長得高挺，四十歲就會開始發達，從流年來看，四十一至五十歲，運勢正走到鼻子的位置，要盡量避免痣或疤痕產生。

情愛宮：嘴巴

嘴巴的形狀，上唇最好有個小水星，微笑時嘴角上揚，整體呈現仰月口又稱菱角嘴型為佳。厚薄比例以上唇薄，下唇略厚為好，葉瑗雯說若不靠醫美手術或是紋唇改變，平日可在畫口紅時多加注意形狀，以利開運。唇色也明顯反映健康狀況，尤其發白、紫或黑色的嘴唇，一定說明身體某個部位有問題。女性特別留意保持唇紅齒白，不僅運勢好，也容易嫁入豪門。唇厚的面相，個性也較為敦厚，不會多講他人惡言，反之，遇到細薄又紅唇的面相，避免與之吵架，因為必輸無疑。懂得見相識人便可明哲保身。

情恩宮：耳朵

又象徵名聲。觀察耳朵要看形狀、耳垂及耳溝。相學中將其區分為外輪及內廓，從正面觀察，若一個人的耳廓突出於耳輪，則為反骨之相，較不懂得感恩。台灣前任總統馬英九及美國前總統歐巴馬（Barack Obama），都有形狀特異的耳朵，馬英九屬提壺耳，從小被長輩耳提面命，

成年後有貴人拉拔，一路上學業順利、官運亨通。而歐巴馬的弓箭耳，也屬特殊權貴之相。

官祿宮：額頭

最佳額頭的面相，正面看起來高聳又寬廣，從側面看起來飽滿圓潤，帶貴氣，有長輩緣；所謂「問貴在額」，也象徵頭腦發達，有利於學習也比較聰明。相較額頭窄短的面相，個性較急，易將簡單事情複雜化。額頭盡量保持不要有痣或疤痕為好。

劃重點

好氣色可以靠後天養成，簡易的作法就是喝水、運動及好的睡眠品質，加上最重要的一點是心存善念，倘若一個人想太多，過度擔心，很憂鬱而睡不好，氣色會顯得憔悴，子女宮（位於眼睛下方，也就是淚堂的位置）會明顯呈現綠綠的顏色。

拜金的面相

　　拜金有不同形式，有的花錢在自己身上，有的則是在別人身上浪擲千金。以女性而言，國字臉較容易花錢破財；愛面子的人，扁頭，眉陵骨較低，眉毛與眼睛距離較近，有眉壓眼現象，對家人較無責任感，但是對外人較為大方，屬於比較虛榮、愛面子的類型。

　　還有一種敗光家產的面相；眉毛中間的印堂，象徵人的智慧及思維，印堂太近太窄，有時不小心家產就不見了，例如替人背書被連累或是自己賭博輸光家產。理想的印堂寬度，男性三指寬，女性則寬兩指為好。眉毛與眼睛之間的位置稱為田宅宮，若兩者之間距離太近，即使祖上留有家產，也容易敗光。尤其西方面孔多見類似的面相，最好修飾眉毛，保留較多的眼皮，適度開闊田宅宮。若流年不利，就要更為謹慎小心，尤其不要輕易被洗腦而敗光家產。有的人敗光家產還不夠，欠下一屁股債，是最不利的狀況。

　　敗金在自己身上的典型就是眼睛大、多眼皮、鼻子長及耳朵短等面相，例如大眼睛又山根較低的面相，耳根較軟，在逛街時被推銷話術洗腦，容易失去理智，不自覺花了大錢。這類面相的人屬於物質慾望高，非名牌不愛，口袋的錢比較留不住。即使多層眼皮並非天生而是因勞累而

產生，也要提醒自己少出門以避免不必要的花費。

容易花錢在孩子身上不手軟的面相，端看眼睛下方臥蠶位置，所謂臥蠶是緊鄰下睫毛的帶狀隆起部位，看起來像條蠶寶寶橫臥在下睫毛邊緣故而名之，而眼袋則在臥蠶下緣，許多人將兩者混淆。臥蠶為子女宮，臥蠶上有痣者，非常疼愛孩子，花大錢給孩子學才藝或買玩具都不會手軟。臥蠶下方為淚堂，有痣者與子女無緣，宜將痣點掉為佳。

如果男性眼尾魚尾紋多、亂且分叉，可能會浪擲千金在風塵女子身上，若女性眼白中有痣，代表她較捨得為男友花錢，常見的社會新聞例如，女子不得已從事特種行業，或拼命兼差為男朋友還賭債，有這種面相，要提醒自己理性面對感情，避免落入錢坑陷阱。

女性眉毛太短，屬財帛宮不聚財的面相，男性鼻翼有痣或有疤痕，人中無毛者，五十歲之前無法存錢，人中以下走「地格」，看五十歲後的晚年運勢。眉毛後半段屬財帛宮，若面相上眉毛太短，沒有屋簷守住，財帛宮不聚，財跟運都會散掉。

是否有財要看眼睛，上三白或下三白眼，眼白部分較多，眼睛大又凸，多眼皮者都屬破財之相，男女皆同。兩眼中間的山根，若太扁塌則容易被他人左右，牽著鼻子走，戴眼鏡可有些許改善。

有些人嘴巴常微張，甚至牙齒往外斜長，也容易破財，嘴要收才算好的口形，這樣賺的錢才存得住，不易流失。女性聲音要輕柔甜脆為好，若沙啞粗鄙則較易花錢如流水。

　　耳朵沒有耳珠，正面可見些微鼻孔，皆屬小破財之相。男性有著朝天鼻的面相，則要注意眉尾不能斷，眼睛要有神，就能改善破財問題。鼻翼明顯一大一小者屬十賭九輸的面相。好的偏財運的面相不多，大多人需靠正財來存錢。

劃重點

　　葉瑧雯提供增加好運勢的偏方：以內在而言，首要顧好健康，人有健康的體魄，往往脾氣都不錯，有好的智慧修身養性。外在的部分，可手動修寬額角的變動宮，眉毛要經常修整，不要任其雜亂或有斷眉，長度要過目，才能增加貴人，鼻子可用彩妝修亮，保持好的氣色，自然就好有運勢。

適合外出打拼面相

髮際與額頭正中，長有一小撮 V 字狀尖尖的毛髮，就是所謂的美人尖，有此面相者與六親較無緣，易因故離鄉背井，外出靠自己打拼，若額頭亮又飽滿者自有貴人相助。靠近太陽穴上方額角的位置，稱為變動宮或遷移宮，若呈現飽滿的狀態，是很能適應環境的出外人，相反的，變動宮較窄的面相，較適合找住家附近的工作，且是靜態、穩定的工作才能做得長久。無論面相如何，要盡量避免變動宮受傷留下疤痕。

眉毛看兄弟宮及交友宮，眉毛長度需超過眼睛，眉毛多且濃，交友宮良好，人際關係佳，外出打拼者，比較能少勞多獲；若眉毛稀疏，則需要靠自己打拼且發達較晚，屬苦盡甘來型。

牙齒為情愛宮，長得一口好牙者口才佳，有助好人緣，有虎牙者，人緣好貴人多機會也多。假牙無妨，只要修整得漂亮，便無損好的運勢。若有暴牙或蛀牙想要矯正，礙於經濟條件無法花大錢整牙，就要提醒自己口出蓮花，多說好話。

耳朵長得比眉毛還高，有若茶壺提把狀，易得貴人耳提面命，有助學業、事業發展。若因為對五官不滿意而動

刀整型，則要確實整出自然不做作的容顏，才能扭轉運勢。有些人紋眉沒有找對老師，紋出不恰當的眉型，無助開運，反而事倍功半。

容易招惹是非的面相

以男性而言，顴骨有痣的人，長在右邊表示是非的來源是女性，若長在左邊則表示會招來是非的是男性，而女性則剛好相反。痣越大表示是非越多，有顏色的雀斑也多少有影響；總之，臉相上乾淨無瑕，是非越少。山根太窄，兩眼太近，也屬易惹是非的面相。耳廓高、陵骨高的人，較為自我驕傲自大。眼睛大的人桃花是非較多。

牙齒見縫，或長得不整齊，易惹是非，正所謂禍從口入，牙齒影響一個人是否愛說是非。講話時會嘴歪的人容易口出歪理，嘴角下垂也不討喜。歪嘴、嘴唇薄，笑起來可以看見暗紅色牙齦，有這樣面相的人，在你面前說的八卦，聽聽就好，不要太當真。

A | PHIBROWS

開運織眉

織眉代言人

CHUNWEN YEH
VJCYTWN15878

七十歲也要 7up
老來俏的眉相

　　大多數人在此年紀已是退休狀態，沒有來自職場的收入，子女多已成家立業不在身邊，有的另一半也離世。此時毛髮脆弱易脫落也屬常態。眉峰到眉尾為財帛宮，可看出是否夫（妻）賢子孝或是六親緣分深淺，這個部位也可看出個性脾氣，有的老人家越老越難溝通，你會發現她的眉尾沒有毛，也多半不化妝更遑論畫眉毛。

右頁：素顏示意圖

織眉代言人

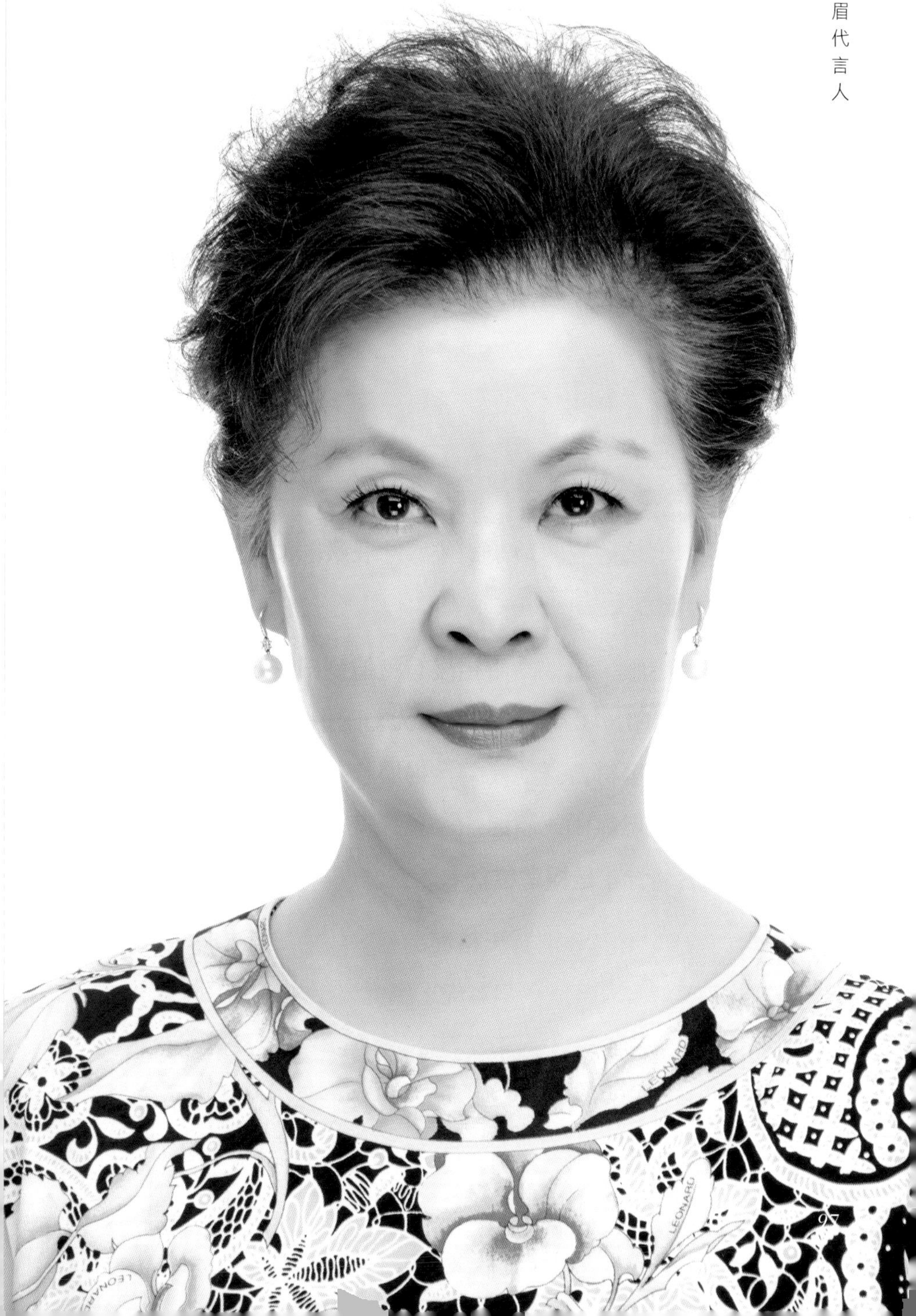

標準眉（柳葉眉）示意圖

柳枝眉（柳條眉／鐵絲眉）示意圖

柳枝眉（柳條眉 / 鐵絲眉）

　　好的眉毛主要看眉型適當與否，其次是粗細問題。細又生硬的柳條狀，乍看不錯但是並不耐看，纖細過頭又稱鐵絲眉，彷彿從古代走出來，現代人並不適合畫得太細，會令人感覺尖酸刻薄，個性剛硬。

下垂眉（倒眉）

　　有些女性因年長加上地心引力造成肌肉下垂，不會畫眉型的長者，多半順著下垂的肌肉描繪眉型，形成一種無辜的眉相，也是一種承載許多垃圾，無意間被當作出氣筒，受盡委屈往肚子裡吞的面相。

下垂眉（倒眉）示意圖

中年揚眉吐氣
眉眉角角很重要

　　眉毛太少太短的眉相，年輕時較為辛苦，例如接洽業務時初期順利，結果卻因故不了了之；另外眉毛過短也對情分不好，不容易結婚。因為沒有眉尾，整體眉相氣勢不足。一隻眉型較平，另隻較為挑高，象徵雙重性格，眼睛一大一小也呈現較情緒化的雙重個性。

　　出外打拼的人大多需要貴人，有一對好眉的人較懂得與人溝通，才能帶來好的人際關係，廣結善緣。相對而言，人氣很旺較易得到貴人相助。

右頁：素顏示意圖

開運織眉

織眉代言人

標準眉示意圖

標準眉

　　中年運主要看鼻子及嘴巴，山根到準頭鼻子筆直有財，小水星菱角嘴，紅潤飽滿，笑開時很大，嘴吃四方財，甚至八方財，現為知天命之年，健康智慧體力都是高峰。長得好的嘴巴，在四五十餘歲能發揮專業才華，可能靈感頻頻，演講跟活動邀約不斷。相反的，嘴型下垂或唇色暗沉，明明沒什麼事操勞，身心反而感覺疲累。

　　中壯年紀要走運，得看鼻子和嘴巴；好的眉型會帶來貴人，眼睛所透出的智慧之光，也要能看到機會並掌握時勢。接到邀約，靠嘴巴成就，進財後由鼻子守住。故畫出好的眉型，愛護靈魂之窗，鼻子靠妝感打亮維持光澤，唇形飽滿唇色紅潤，必能為老年積財、積福，安享餘生。

　　命是天先的相，運是後天的氣色，當人走運時，氣色都是亮的，大多男性不注重妝容，但是當他加官晉爵時，官祿宮或財帛宮會自然透亮，例如大多數人結婚時，臉上會自然透出桃花氣色是一樣的道理。

眉宇過近示意圖

眉宇過近

　　有人為了讓鼻子看起來高挺，畫了誇張的白鼻心式的妝容。日常生活中，這樣太過誇張的舞台效果妝，只會令人感覺突兀。眉宇之間過近，將命宮鎖住象徵沒有光明前途，命宮也是命運的總開關，心臟健康受影響，多憂多慮，心胸狹窄，沒有安全感。命宮就像水道，讓額頭的水往下流；鼻子好似籃子，承守財富，眉宇過窄會鎖住命宮，錢流不過來。相反的，超過三指寬，財也會流光守不住。

角眉示意圖

角 眉

眉峰過高的角眉，貌似驚訝狀，彷彿每天過著提心弔膽的日子，挑高的眉毛久了就會呈現高高在上的姿態，很敢衝但不會守，容易衝過頭，旁人都要聽你的，看高不看低，只等最大最好的機會來臨，左等右等反而一場空；也容易跟家人、同事、朋友起口角，甚至主管長輩的話也不聽，屬於天不怕地不怕、自己最大的個性，到處爭鬥，最終只剩孤家寡人。

女生不宜帶角，要有靠山要畫出眉峰，但不是角。與新月眉的眉峰相比，角眉會有明顯的角度，只要用棉花棒輕輕擦拭消除即可。

素　顏

　　時下年輕人為了享受畫眉的樂趣及創意，犧牲自己的真毛，亂削眉毛的結果，是讓毛囊再也長不出眉毛。

右頁：素顏示意圖

開運織眉

織眉代言人

　　年輕人面相首重額頭及眉眼，眉毛長得好，個性脾氣好，一定很多貴人願意相助，相學中的新月眉，也是較歐式的標準眉，比起韓式較細，較有眉峰，在相學中就是標準的眉相。眉頭、眉峰及眉尾呈現出完美的黃金比例，眉尾微彎象徵包容謙虛，較能廣結善緣，有助運勢及桃花發展。

標準眉（新月眉）示意圖

　　在台北西門町、高雄、上海、杭州、北京甚至很多城市，常見很多女孩跟風韓流的粗平眉或一字眉，也許整體看來沒啥殺傷力、甚至有些臉型頗適合此眉相，問題那只是趕流行、自我感覺時髦；其實粗平眉較屬男性化的妝容，畫粗平眉的女生，會帶點異性氣概，大辣辣的個性，無形中行走坐臥也不加以修飾。若紋眉或常畫一字平眉，那麼此人也會覺得一切夠用就好，屬於胸無大志的類型。

粗平眉（一字眉）示意圖

　　為了不要看起來很兇，有的女性畫出垂垂的眉型，好讓自己看起來無辜沒有殺傷力，甚至攻擊性小一點。但是天生個性很衝的人，即便畫了這樣的眉型，一開口講話也是暴露原型，久而久之，容易遇到爛桃花，或是在職場上無端招惹是非。下垂眉型，易造成眉壓眼，田宅宮不開，沒有田產象徵，眼睛跟眉毛距離很近，沒辦法想很遠，不會宅心仁厚，個性很急不能忍，屬於欠考慮的類型。

眉壓眼示意圖

與蕭湘居士緣起

　　有著鄉土口音，童顏鶴髮的蔡上機老師，是位從事命理工作二十年的專家，各大命理電視節目的常客，工作室也多是金字塔頂級客群。曾有位女客上門求算紫微斗數，蔡上機對她說：「你這對眉毛很開運，能夠吃穿不窮。」客人道出原委：「是請葉璿雯老師紋的。」因此際會，蔡上機於台北市京華城百貨公司創辦第一屆命理博覽會時，便極力邀請葉璿雯於會場擺攤，並將她的專業定位為「開運繡眉」。博覽會現場，遍佈紫微斗數、占星、卜卦、易經及鳥卦等等各大門派，與眾不同的是葉璿雯這位美容紋眉專業。

　　命相老師李玉珮，在葉璿雯攤位上表示想要紋眉，葉璿雯照例提供紋眉之前的諮詢，李玉珮打斷她的話：「我看過你的面相，技術跟美感都是一流的，直接幫我紋眉吧。」李玉珮經常出現在《開運鑑定團》、《命運好好玩》等電視節目上，戴著眼鏡加上一身知性形象，解說紫微斗數、姓名學、風水、卜卦以及手面相等，至今十幾年聲勢不墜。

　　博覽會中，葉璿雯提供紋繡眉的專業知識及技術，尚未涉獵命理面相的她，只知道蕭湘居士攤位前總是大排長

龍，非常受歡迎，遂萌生紋眉與面相結合的念頭。經過葉瑋雯巧手紋眉的李玉珮，正是蕭湘居士的得意弟子，很樂意替葉瑋雯牽線。當時命理博覽會主辦人蔡上機，要求每個攤位拍攝十分鐘影片，提供媒體做為報導素材，經李玉珮介紹，蕭湘居士答應讓葉瑋雯到家裡採訪。

　　導演加上拍攝小組一行人，折騰了年邁的蕭湘居士整個上午，葉瑋雯惦記著老師的善意，也內疚自己兩手空空沒有帶見面禮，待人和善的蕭湘居士，沒有收取分毫看相費用，只是職業病使然，當場斷言葉瑋雯將是台灣紋眉的第一把交椅，加上開運的訴求「將來，國際上許多人會慕名請你看相。」葉瑋雯當時根本不會看相，因而在心裡偷偷質疑老師的話。彷彿看穿葉瑋雯的疑惑，蕭湘居士說：「你就是會有這樣的靈感。」

　　當時，葉瑋雯接受媒體採訪，雖對命理面相著墨不多，但是她的美感與紋眉專業技術結合出來的成果，恰恰符合面相學的理論，無形中替客人達到開運效果。博覽會後，葉瑋雯正式拜在蕭湘居士門下學習面相，將她早已實踐的開運紋眉，以天生美感為底蘊，結合美容專業輔以面相理論，將開運繡眉發揚光大。

　　為了區隔早期紋眉給人的負面觀感，學了面相專業的葉瑢雯，加上自己不同於紋眉的「類紋繡」的功力，為自己的專業正式定名為「開運繡眉」。

　　博覽會現場新聞播出之後，台灣中天電視台的客服專線擠滿詢問的民眾，整整兩年時間，小貝殼美容沙龍塞爆了預約織眉的客人。

　　拜師學藝之初沒有想像中順利。葉瑢雯坦言，這個可愛和善的老人家，如果是在賣東西，她二話不說一定捧場，但是需要去上課學習，她著實遲疑了，因為蕭湘居士講話口音帶著濃重的湖南腔，每周上課是葉瑢雯的惡夢。儘管如此，很多同學只上一輪，葉瑢雯則是整個系列四輪都上完，包含頭骨、面相、臉相及氣色等。剛開始對蕭湘居士的湖南口音難以適應，幸得師母在側，有問題隨時可以發問求援，直到兩年後才慢慢進入狀況。

　　她說面相學困難之處，在於每個人都有不同的命理及面相，研究每個個體，都是一項新的功課，如果說得不準就很丟臉，不像美容，帶有主觀的美感，技術精熟了就可以闖天下。

　　蕭湘居士跟葉瑢雯的緣分，說來也奇妙，彷彿前輩子

是父女關係一般。老人家到電視台錄完節目，經常搭了車就到小貝殼沙龍按摩，每周報到長達六年時間；在按摩的同時，傳授很多祕笈給葉璿雯。在工作時還可以向老師挖寶，葉璿雯樂得免費為老師服其勞，然而正直的蕭湘居士，堅持每次一千五百元、每個月六千元的按摩費用，清清楚楚結算，不因為自己是老師而貪圖免費。無以回報的葉璿雯，默默地介紹客人給老師看相，聊以回報師恩。

相較其他有機會跟蕭湘居士一起吃飯的同學，席間趁隙請教老師面相，總得到老師回應說「上課再問，現在先吃飯。」葉璿雯才知道自己是多麼受到老師愛護。

蕭湘居士喜愛吃美食，在路上看到試吃，告誡學生有心要買才試吃，強調不佔他人便宜。晚輩、弟子邀約吃飯，絕不讓對方請客，因為會讓自己睡不著覺。「不貪不欠」、「小心越貪越多而不自知」遇到素昧平生的老人家，他也開朗地招呼對方「老太太，要活到一百二十歲哦。」葉璿雯透露蕭湘居士原本沒有眉毛，五十多歲開始致力做好事、說好話，居然漸漸長出壽眉。

很多政商名流邀約請吃飯，蕭湘居士大都婉拒，他知道名為飯局，實為要他看相。身邊的人，誰是利用他的，

或者誰是單純心善者，他都耳聰目明看在眼裡，所以對待單純的葉瑈雯，有著超越其他人的期待，葉瑈雯也默默地跟隨蕭湘居士，十餘年來，師徒情誼有增無減。不僅是蕭湘居士得意門生之一，兩人宛如父女的情分，更令旁人羨慕不已。

很多人學面相目的就是想分析別人藉以賺錢，其實能藉以認識自己才是最大的財富。學好人相學，光是學會看自己的相，了解本身或家人健康、智慧及個性，就非常值回票價。

因著蕭湘居士的指導，讓葉瑈雯心生感觸，她期許自己傳承老師滿腹經綸與對世人的愛，把最好的繡眉技術傳遞給需要的人，讓更多人對自己的外貌產生信心。

生於 1930 年，已屆耄耋之年的蕭湘居士，某日囑咐葉瑈雯「我的後事，你來幫忙。」「好啊，但是你越這樣說越不太會死。」佛家認為人生無常，生死是件再自然不過的事。情同父女的兩人，茶餘飯後在閒聊著，另一輪迴的開始，不但正視它，更不忌諱談論它。

第四章

希望人人都 Lucky

　　每一個品牌的創立背後都有一個故事，有的傳說令人稱奇，有的刻苦銘心令人感佩。有的是傳統製造業轉型，成立自有品牌，或是創辦人某個起心動念，從無到有催生出品牌。葉瑨雯的故事則非常單純，說是為了喝牛奶而養一頭牛，一點也不為過。然而，對於沒有養過牛的人而言，養牛應該是件知易行難的事，葉瑨雯並不知道她會遭遇什麼。

　　研發上市的保養品命名為「Lucky Ya」，令人不免聯想是「開運繡眉」的續篇。言談中她總說「你是如此的 Lucky」、「有緣又 Lucky 的人們，使用這套保養品會 Lucky 大發。」中英夾雜的話語，左一句 Lucky 右一句 Lucky，多聽幾次反而被洗腦，你會覺得她好像一個散播「幸運」的天使，用言語在你耳邊施展魔法。

　　希望你 Lucky 變美麗，這是她平常的正念思考。

自創品牌緣起

一般美容沙龍為客人做臉的保養品，有的從美妝品工廠直接買現成貨，有的找進口商或代理商購買國外品牌，品質及利潤多受制於他人。葉瑋雯於 1992 年創立的小貝殼美容沙龍，初期採購歐系保養品為客人做臉，期間經歷多年捷運工程交通黑暗期，靠著少數客群支持度過難關。2000 年，透過一場命理博覽會，將日漸沒落的紋眉產業，以開運繡眉為名，重新掀起高潮。三個寶貝女兒相繼誕生，日子總是緊湊、充實且忙碌。2007 年因著小女兒薇薇的皮膚問題，一頭栽進研發保養品的無底深淵，這段漫長的研發之路，彷若沒有盡頭的鬱鬱幽谷，走了四、五年之久，終於 2011 年推出第一件保養品「琉璃霜」（前身為 Lucky 粉），不但深受消費者好評，並成功打響品牌，之後才陸續推出產品。

當時葉瑋雯的小女兒薇薇，還是個牙牙學語的幼兒，正是好奇心及模仿力最旺盛的年紀，尤其喜歡學媽媽在臉上塗塗抹抹。葉瑋雯某日下班回到家，看到薇薇把所有的彩妝品都塗抹在臉上，眼前這個花花綠綠的小臉，令她感到哭笑不得，一面告誡孩子不能這樣玩，一面動手為孩子卸妝善後。或許薇薇的皮膚較為敏感，費了好一番功夫，

發現孩子幼嫩的肌膚，竟因為彩妝品內含太多化學添加物，過度刺激導致紅腫發疹。如同天下父母一般，葉瑃雯總是盡可能給孩子用最好的，但她發現，就連國際知名的嬰幼童專用保養品、衣飾品牌，都可能引起孩子皮膚過敏，她為此困惑不解。

大女兒及二女兒都走上需要發揮腦力及創意的舞台，葉瑃雯深知孩子的創造力極其珍貴不可抹煞，她擔心薇薇皮膚再度引發過敏，更不忍見到薇薇不能再玩彩妝品的失落表情，萌生自己研發無毒保養品的念頭，為的就是讓女兒們長大後有安全的彩妝保養品使用，甚至要嬰孩、兒童也能安心使用。

2007 年開始投入保養品研發，尋遍世界及台灣各地優良原料，用自己的護膚經驗，最高標準的品管，夜深人靜的時間，一個人在家中浴室，不斷地嘗試不同成分的保養品，混合各種原料，不同配方，不同比例，混好了就擦在臉上，擦了再卸，卸掉再擦，反覆實驗，累倒睡在浴室地板是常有的事。

調和原料的過程，有時油水分離，有時怎樣都無法溶解，或是很快變質，又或是比例稍稍不同就形成不同結果。

產品研發初期，Lucky YA 其實一點也不 Lucky。

四、五年的歷程，終於等到了開花結果的一天。葉璔雯驗證了成功的道路必定就在失敗的那扇門後，端看你有多大毅力開啟。這期間除了摸索原料特性，與美妝實驗室來回溝通，與包裝廠商磨合培養默契，打造品牌、CIS 規劃及產品送驗等，瑣事多如牛毛。從陌生到上手，都是極其辛苦的歷程，所幸終能在 2011 年開花結果。

愛美是人的天性，懶惰何嘗不是？如果能夠有一種產品可以同時滿足這兩種人性，相信沒有人願意變醜。葉璔雯所研發創造的，便是希望幫助人們從根本擺脫懶與醜，讓自己改頭換面，天天擁有好氣色。她回憶母親那一輩，在路上還可以看到很多慘不忍睹的爛皮膚，滿臉膿瘡或是過敏紅腫，那是受到早期含有重金屬成分的保養品遺毒，有的是不懂得護理，賀爾蒙旺盛或是皮脂腺分泌旺盛的青春期皮膚。如今，台灣有公部門「衛生福利部」對彩妝品質嚴格把關，保養資訊也較為流通與普及，更多人懂得選購天然保養品，加上正確的護膚常識，街上多了帥哥美女，也是另類美麗的台灣風景。

目前 Lucky Ya 已成功研發上市產品包括：可調理問題

皮膚、具遮瑕功能的能量琉璃霜、體溫口紅、琉璃淨白面膜、蓮花手工冷凝皂、全能修護冰棒、能量抗皺金淬油棒等產品。特別是一直供不應求的明星商品「能量琉璃霜」，其精華成份是來自歐洲多種珍貴植物萃取，每種成份都對皮膚的各種問題有所助益，花了四年時間研發改良才臻至滿意。

琉璃霜也結合了美麗、藝術與開運等元素，當好運來臨時，臉上一定會透露出不一樣的好氣色。葉璲雯說：「人只要開了運，自然有好氣色，適當的保養也會開運擁有好

氣色。」何者為因，何者為果，實際只有消費者自己能心神領會，端看你願意相信什麼。

　　想研發什麼，雖然過程艱辛，但總會心想事成，經銷商提出狐疑「到底有什麼是葉老師做不到的？」葉瑃雯坦承現代人高度依賴的智慧手機、電腦及網路，就是她最弱的一環，智慧手機僅用於接打電話及拍照，免費留言及傳訊的應用程式 LINE 與 WeChat 微信，已經是她離網路最近的位置。身處在資訊爆炸的年代，她極少依賴網路查詢需要的訊息，多半與朋友或廠商閒聊，透過友人牽線，近如台灣高雄市的果農，遠在歐洲的原物料供應商，資訊網絡將彼此一一串連。

葉老師
心靈保濕

老天爺讓你如此的幸運，財富、名利、健康等等都讓你擁有，可不是要你拿這些來欺負人，用好的體力來做一些說八卦、罵人、害人的行為，小心！馬上被老天爺收走你的一切。

琉璃霜誕生

一個單純的念想啟動開關，進而身體力行的葉琇雯，在 2011 年實現了研發保養品的夢想，推出名為琉璃霜（前身為 Lcuky 粉）的明星商品。

研發之路是天堂或地獄

葉琇雯常不客氣直言，世上若有醜女人必定是因為很懶，所以她想研發一瓶懶人適用的保養品，簡單步驟就能立即改變臉色，讓美麗馬上見效。故研發粉底是第一個浮上來的念頭；只要擦了好用無毒的粉底，尚無其他彩妝品加工時，氣色就大勝，所以研發一款好用無毒的粉底，給自己及女兒們使用，是最初單純的構想。

有了想法後，第一步驟就是不斷向原物料廠商諮詢，找到用礦石或植物磨製提煉出來，可改變膚色的粉體。採購原料、調配粗胚，再請實驗室工作人員用高科技儀器，經過研磨、攪拌、奈米化或壓製、填充等製程做出樣品。混合及配色是最困難的過程之一，如何精準地調配出適合大多人膚色的粉底，可比擬設計香水的調香師，過濾數百種香料調配出來的香水都失敗，最後用天然純精油香味才成功，可說是天堂與地獄的差別。

設計粉色時，許多聲音嘗試說服葉瑃雯，應該主打亞洲人適合的膚色，但她可不這麼想，她說理想境界是膚色控制粉色，而不是粉色改變膚色。她要研發的是一款任何膚色都適用的粉底顏色。「這怎麼可能？」有購買粉底經驗的人，想要粉底擦了之後，臉色看來白一點、黑一點或自然一點，常常都要挑選好久，聽了這種誇口的說詞，存疑之際更想知道原理是什麼？

　　葉瑃雯進一步解釋，人體在不同狀態下會有不同體溫，琉璃霜內含遠紅外線能量粉體，透過微循環，人體的皮表溫度也會提升，數分鐘之內自動校色。是故冬天擦的時候會有微熱感，這是紅外線自動矯正的功能，也可說是粉底的人工智慧。

　　她回想自己購買粉底時，若是買到歐系彩妝必定會太黑，因為歐洲人大多不喜歡太白的顏色，若買到崇尚一白遮三醜的日韓彩妝品，又有太白的問題，她相信不少化妝族群也遇到類似的困擾。不管是太白、太黑、或是感覺悶、浮粉或卡粉等問題，都是研發粉底需要克服的問題。研發後期，她還費心找了黑人及白人進行粉色測試。

　　沒有費用上限，沒有時間壓力，就這麼玩了四、五年。

當葉璚雯沒日沒夜投入研發保養品時，宋先生不太清楚妻子在做什麼，只看見她一直往臉上塗塗抹抹，要不就是把臉湊到他眼前問「哪一邊比較亮？」需要開票支付貨款給物料廠商時，他從不過問成本太高的問題，而是默默支持妻子的大膽嘗試。

原物料不易取得

　　全球暖化問題嚴重，歐洲所產的原物料自用都不夠，更遑論出口賣給亞洲人。葉璚雯經常面臨苦苦排單的等候。原料購自國外有許多運送方面的問題，且因不同法令有管制條件，好不容易買到了原料，光是寄回台灣就是大挑戰。

　　她跑遍許多歐洲國家，無形中建立較開闊的國際觀。瑞士跟德國是唯二讓她崇拜、激起火花的民族，故而原物料大多進口自瑞士及德國。她分析義大利或法國的保養品大多足以應付一般的保養需求，真正有問題的皮膚還是仰賴生物科技較為成熟發達的瑞、德兩個國家。

　　粉底成分不外乎顏料、油份、水分及色素分子，而琉璃霜所添加的每一個原料，都要實驗三個月以上，以確定其功效，共二十多種成分，難怪光研發就五年。以美白功

效為例，二十幾種成分加在一起，有的衝突相剋，有的和諧相生，實驗到最後僅留下四種安全穩定、符合衛生法規的原料。其他的獨家配方，例如珍貴的松露萃取液、海藻、洋甘菊、膠原蛋白、彈力素、熊果素、柑橘萃取液、分子丁、Q10、蘑菇萃取液、玻尿酸、玫瑰、高山薰衣草、檀香等，百分之百植物精萃，沒有使用牛或羊的胎盤等任何動物性成分，結合高科技活氧及微奈米技術，以期達到強效保濕、淨白透亮、緊緻拉提、深層修護、隔離傷害、防水抗曬、透氣遮瑕、自動校色，創新八效合一。葉瑋雯為了能就近嚴格管控品質，婉拒國外設廠的邀約，堅持全程在台灣製造生產。

製作過程很有定見

「Lucky 粉」初上市時，連葉瑋雯的員工都不知情，大家對老闆不知何時研發了這款產品都驚訝不已，就連宋先生也是開票付款時才知道。「因為告訴很多人，就會有很多意見，有的說景氣不好，有的說沒那麼容易成功等等，想法很容易被動搖。」但葉瑋雯很清楚自己的目標，只想把產品做到最好，因此必須在毫無雜念的狀況下，親自投

入實驗，才有成功的可能。

　　不同業者創造品牌，手法各有巧妙。有的尋找廠商的現成品，自行包裝設計品牌販售。另一種就是業者自行研發，廠商打樣，成品再包裝上市行銷。有的會控管成本，從十幾到數百元不等，葉瑋雯則是對實驗室說，「我這支產品成本沒有上限，要用最好的。」

　　委請廠商打樣的費用，依成分不同，每次台幣三千到一萬元不等，數算這五年來打樣次數七十餘次，可算出有形的支出，無法計算的是初期超過千餘次的打樣，加上失敗倒掉的原料。

　　與之配合的實驗室老闆秘書，私下向葉瑋雯反映：「實驗室從未接過產品反覆打樣那麼多次，都四年了還不上市。」甚至被懷疑是詐騙集團，被實驗室質疑不夠專業，「隨意變更成分，整個配方得重來。」實驗室人員抱怨不斷。儘管葉瑋雯篤定地說「不管多少打樣費用，有任何損失都算我的。」賭上三十年專業美容招牌，自忖摸過問題皮膚無數，聽著種種抱怨，她依然沒有動搖。

　　沒有顯赫背景的葉瑋雯對一屋子擁有碩、博士學歷的研究員說「我是研發者，讓團隊研發出獨一無二的配方

吧。」終於成功組合出穩定安全的配方，消弭歧見。實驗室裡的研發人員說「與葉琇雯合作能撞出火花」，也承認她的確是真正的皮膚專家。

第一代粉底命名為「Lucky 粉」，並分有男版及女版兩種粉體。有鑑於大多數男性從不做保養，顯得氣色不佳，她認為男性是很大的保養品潛在市場，然而廠商並不看好，要求必須有一定的出貨量，否則不願替她生產。葉琇雯卻打定了主意，固執地說「就算賠錢也要出貨」。新產品上市了，出乎意料，許多女性消費者買一套兩瓶，兩種版本混用，男版用來遮瑕，女版用來美白，是她始料未及的發展。至今，改版更名為琉璃霜，以金瓶、銀瓶取代男版、女版的命名。

除了研發新產品，還要想到讓消費者方便使用。例如有些產品會隨著臉部皮膚的肌理特性，讓原料進入皮膚達到有效吸收，她便利用直播，遠端教學跟說明產品特性，而她本身的皮膚也是最好的見證。

測試過程繁複

調混粗胚，單一種美白功效就要調和很久，要當粉底改變膚色，又要抗過敏、預防痘痘具有療效，又要能熬過十二小時的效果，最後才將前述種種功效的成分混在一起；有霜狀、乳狀或油質等狀態，當它們混合後是否會排斥或相容，就讓葉琇雯吃了不少苦頭。

實驗室做出打樣後，接下來就是進入親身實驗的階段。那一陣子不管何時何地，家人只要看到葉琇雯站在面前瞪著，就是要問「左邊氣色好看，還是右邊？」或是在浴室用水柱沖臉，了解防水效果如何。身邊的朋友，膚色較深的、較白的、黯沉的或是年長者、小小孩都成為她的實驗對象，無一倖免。

當時宋先生的姪女就讀新北市淡江大學，班上同學是葉琇雯最大的試用對象來源，廣發試用品後，姪女回饋說：「嬸嬸，這個產品真的很好用，我同學說不吃早餐也要跟你買。」縱然青春無敵，也抵不過課業壓力，加上作息日夜顛倒的大學生，許多人臉色並不青春，經試用後她們驚艷這個粉底，一時間詢問不斷，也對上市有了信心。

產品研發後，送由 SGS 超微量工業安全實驗室品質檢驗，為避免產品生產時，因人為因素產生質變，不但委由 GMP 衛生合格廠商投入填充生產，更堅持每一批產品製成後再次送驗，在法規監督及良心品管下，杜絕塑化劑、重金屬或螢光劑成分殘害使用者。

劃重點

　　粉底是化妝前、保養後最重要的基礎，葉瑃雯建議，無論購買任何品牌，測試粉底的持妝效果與服貼度是否適合自己，試妝時等待三十分鐘至一小時再觀察，這個時間點是粉底與肌膚融合得最好的時候。

療效不必口說

沙龍的護膚產品大多針對問題皮膚設計研發，但礙於法規，無法像醫美診所一樣宣傳產品的療效。主管機關為了杜絕誇張不實廣告而引起消費糾紛，因此訂定了諸多嚴格法規。然而醫美診所販售的、有醫生掛保證的保養品，經衛生局檢驗出不合格的產品亦有所聞。總之，使用過後皮膚真的變好，自然不需要多餘的宣傳。

Linda 在小貝殼美容沙龍擔任助理，某日下班途中不慎發生車禍，那是一場不小的事故，安全帽被撞飛，側臉擦撞粗糙的柏油地面，左邊臉頰有大面積挫傷，當場鮮血淋漓很是駭人。第一時間到醫院處理傷口，醫生開了抗生素，預防感染也緩解了症狀，第二天葉琇雯要 Linda 早晚在傷口上厚塗琉璃霜。照料六、七天後，血水、組織液滲出的情況已漸緩解，傷口復原快得超乎旁人想像。Linda 拿著車禍當時及傷口復原的照片訴說往事，聞者都會瞪大眼睛驚呼「真的好神奇」。

「這樣的反應已經聽過太多次了！」葉琇雯說。大陸改革開放之後，許多含激素、類固醇或重金屬的臉部保養

問題，一一浮上檯面。近年琉璃霜銷售至內地，救了無數微中毒的臉。類似的故事，可以提出成千上萬的見證。不少琉璃霜的愛用者就是用它來排毒美容，這是兼具彩妝及保養，可以敷著睡覺的夜間粉底。尤其「來自台灣的琉璃霜」這句標語，讓葉琇雯的產品在大陸廣受歡迎，訂單應接不暇，不但消費者擦了臉上有光，她也是當之無愧的台灣之光。

雖然琉璃霜叫好又叫座，卻並非一直順勢成長。曾有消費者在網路留下「琉璃霜是爛產品」的類似言論，深究原因，發現客人皮膚問題嚴重，擦了琉璃霜出現排毒反應，本身不明所以也不請教經銷商，耐不住時間考驗居然氣到提告。Linda 因為使用琉璃霜，出車禍的傷口數日內神奇癒合，給了消費者很大信心及很多幻想。然而若是臉上累積多年激素或長時間受到重金屬保養品遺毒，一時之間要排毒，也是需要輔以「時間」這帖良藥，想要立即看見效果的現代人，鮮少人有耐心等到見效。

吃進有毒的東西，微量的話還可透過排汗或排泄來代謝毒素，但是皮膚長期塗抹有毒的物質，比起吃進去的毒素更不易代謝；葉琇雯奉勸愛美的女性，若抹不起較好的

保養品，不如只塗抹單純的橄欖油保養就好，不要拿有毒的物質危害自己的身體。她常常看到很多女性皮膚狀況不太好，心中都會質疑她們到底把錢跟時間花在哪裡？感慨很多人保養觀念不對，市面上又有太多產品可以選擇，造成很多人皮膚濕疹或過敏。

她受邀到大陸演講時，首要推廣提醒大家「戒毒」，不要再將有毒物質塗抹在臉上。也信奉順勢療法，她表示人體有自癒能力，產品不是藥，不會症狀解除，而是將不好的毒素往體外排出。

經消費者慕名而來購買的產品，定是療效造成了口碑，若僅是保養等級，頂多是維持皮膚狀況不惡化，毫無特色可言，也沒有賣點。許多客人及經銷商用過產品後，因信任而產生好口碑，紛紛反映，希望葉璿雯再繼續推出其他系列產品，造福愛美、愛自己的人，

白玉瓶學問大

第一代以「Lucky 粉」為名，填充於廠商提供的鋁罐上市，葉璿雯心中做了最壞打算；若是賣得不好，有過一次體驗也就夠了。沒想到賣了一、兩年，口碑及回購率甚

144

好，在銷量告捷的浪頭上，她只想著好還要更好，因此尋思改版。更名時，想過元氣霜、琉璃霜等諸多選擇，苦惱之餘，抽籤問神，菩薩應允了「琉璃霜」這個名字，加上禮佛時認識了東方琉璃藥師佛，為此祈願擦了琉璃霜的人，會有晶瑩剔透的琉璃光映照臉龐。

　　正式以「琉璃霜」為名，打算改換包裝再版上市。命名既定，葉瑃雯直覺聯想：琉璃霜若能填充在琉璃瓶中，豈不相得益彰？好不容易在大陸找到可以製作包裝瓶的琉璃廠，費時八個月來回打樣，縱然初胚還算滿意，卻始終難以解決含鉛量問題；百分之十九的重金屬成

分，成了改版包裝的瓶頸。

　　偶然間在台灣接觸到擁有四十年經驗的琉璃師傅，閒聊起先前琉璃瓶打樣的失敗經驗，說來也湊巧，師傅當天剛拿到最新的白玉粉，遂建議葉瑃雯嘗試用白玉粉和玻璃製作。

　　玉有富貴、辟邪、保平安之意，琉璃霜填裝在白玉瓶中更添能量，且白玉的品質、厚度、阻光性也都恰如其分地適合琉璃霜。

　　葉瑃雯與老師傅，歷經多次失敗及調整，以德國工藝品為目標，用兩千五百度高溫炎燒，反覆試做了兩年，克服種種困難，終於產出完美無瑕的白玉瓶。渾圓潔白的瓶身，搭配金、銀兩色瓶蓋，取代男版及女版 Lucky 粉，能量琉璃霜金瓶、銀瓶兩款正式亮相。

　　光是白玉空瓶，就讓人感覺很有份量、奢華而貴重，消費者不禁問「可以不要白玉瓶裝，定價便宜一點？」「能否拿用完的白玉瓶回去填充再利用？」「琉璃霜用完後，白玉瓶丟掉很浪費，該如何重複利用？」葉瑃雯堅持白玉瓶可以保鮮、保值、保能量，對琉璃霜有其重要性。

　　她說琉璃霜富含諸多容易質變的天然植物精華和頂級

精油，試遍了各種市售的包裝瓶；例如塑膠瓶，但歐洲頂級精油的穿透力會穿透塑膠，溶出塑化劑，塑膠瓶絕對不在考量之內。玻璃瓶若厚度不足容易摔破，且阻光性有限，她擔心在有效期間內，因存放習慣不同導致產品質變，因此玻璃瓶也被推翻了。雖然市售玻璃瓶有回收沖洗再填裝的機制，但仍見少許因回收沖洗不慎，導致異物殘留或夾帶等情況發生，為確保每一瓶能量琉璃霜的頂級品質，她堅持不回收裝填，甚至不惜斷貨。她寧願花費時間及成本，讓琉璃師傅一個個手工吹製，也不願意去賭有可能產生失誤的百萬分之一機率。

為了不讓消費者任意丟棄空瓶，經過實驗，意外發現琉璃白玉空瓶，還有許多妙招可以重複利用它。

包裝設計的門外漢

第一代產品研發來到包裝設計的階段，這意味著離上市之日更進一步。她的一個朋友從事商業設計，給予友情贊助包裝設計，罐子採用廠商提供的現成品，設計了藍玫瑰及紫玫瑰圖騰，區隔男版、女版。「2011 年一月一日，Lucky 粉正式上市。」歷經五年，從無到有，多麼值得紀念

的一天。這是她人生的重要里程碑。

　　產品推出後受到好評，第一場戰役總算攻下灘頭堡，有了成功經驗，改版應該較為順利。美容護膚是她的專長，然而包裝設計、行銷企劃則完全是門外漢，也沒有完整概念，雖然產品推出後反映不錯，但是包裝設計不太符合自己期待，憑恃著自己對珠寶設計的美感，一、兩年後有了更多想法改版包裝，打算將它當作珠寶工藝一般對待。

　　經朋友介紹一位商業設計師，聽說設計功力深厚，但行程滿檔很難邀約，溝通過後經歷八個月，才等來第一個打樣，卻不是她想像中的奢華簡潔風格，她以同理的心態說「每個人對美感的標準及定義不同。」

　　包裝設計費及打樣花費台幣兩萬五千元，耐心等了八個月，時間及金錢將期待值累積得越來越高，失落感也就越深。這經歷讓她上了一課，激發出內在的設計魂，從此之後，自己包辦所有產品的包裝設計。

　　常聽她把Lucky、有緣或感恩掛在嘴上，但申請商標註冊時並不如她所願，因為「Lucky」的品牌命名與設計，與日本某一商品雷同而遭到退件。結合「葉」姓氏拼音與勝利手勢「YA」的聯想，重新將商標組合成「LUCKY

YA」，再度送審才過關。

　　若要深究葉瑃雯為何敢大膽投入包裝設計，其實不斷接觸藝術創作的她，珠寶設計、佛畫及油畫，都讓她保持對美的敏銳度。年輕時有一陣子極度熱愛烘焙蛋糕，也影響她必須一直動腦思考，動手創作。

　　她的油畫一向只畫風景題材，首次畫了最愛的鳶尾花，是為了「皇后精油」這款產品包裝上的花飾圖案；因精油含有鳶尾花成分；第二幅蓮花作品，應用於一款含蓮花香氛及佛號字樣的「避煞皂」。第三幅作品是山芙蓉，應用於身體私密處的產品。研發什麼產品，用了什麼原料，她就親自畫，也算是「一條龍」的工作流程吧。

　　葉瑃雯最注重團隊凝聚出合作的默契，倘若有廠商想要搶單，用再低的價格都無法使她動搖。話剛說完，合作超過五年的紙盒包裝廠老闆急急進門，只因擔心午後雷陣雨來的又急又猛，會淋濕要印製在包裝盒上的油畫。葉瑃雯說這位廠商，不管經過自己幾次要求，對方總是盡力配合，只為了消費者有最好的產品可以使用，這樣合作的能量才是她要追求的，絕不因為自己是花錢的客戶，而對廠商頤指氣使。

承製葉瑃雯產品包裝盒的合作廠商，曾出現搶單的另一家廠商，可將每個紙盒單價便宜八元，但葉瑃雯不因為可以省錢而心動，仍維持與原廠商合作；因為她看到原廠商的負責、敬業及熱忱的態度，這會讓廠商製作出來的商品也同樣具有正能量，廠商也在合作過程中，接到較大的數量就會自動降價，或是因某原料漲價而在合理範圍調高單價，葉瑃雯皆可通情達理，理解廠商處境予以合作空間。便宜競價的廠商反而令她敬而遠之。

葉老師
心靈保濕

很多事情是急不來，就是要等。一鍋飯 20 分才會煮熟，不能太早打開蓋子，否則不能吃。

150

成本無形如何計算

為了控管高品質，倒掉再多昂貴的原料也在所不惜，但成品交給經銷商，仍務必給予一定的行銷利潤。朋友笑她，研發出這麼棒的產品，給經銷商這麼好利潤，研發者卻還沒回本，在其他業界根本是天方夜譚。

有的業者與實驗室合作，大多將成本盡量壓低，例如每罐不超過二十元或低於三百元等，不然就是趕檔期，壓縮實驗室的時間。葉瑃雯總是不設成本上限，倘若實驗室做出來的不符合她的期待，她說：「我就會消失一段時間。」乍聽之下嚇一跳，以為她因受挫而放棄，其實，她是去尋找更理想的原料。實驗室組員透露，他們合作的廠商從未這樣，「但不知為何？老闆就是願意一再等葉老師。」或許遇到挑戰，也是對方想一起合力完成的目標。

彩妝保養品欲進入中國大陸市場銷售，需經過行政管理部門審核，取得大陸化妝品進口三證，才能在百貨公司專櫃、醫美診所或護膚沙龍等地，正式上架販售。儘管所費不貲、準備文件也極其繁瑣，葉瑃雯經多年準備，於

2018 年年底拿到三證，心想就事成的吸引力法則，在葉璦雯身上有最佳的驗證。

對美的堅持

葉璦雯認為「美」對於每個人都有啟發，不論男女老少都應該追求美。雖然初次研發保養品，毫無經驗，無人領路也吃盡苦頭，但從不為趕出貨時間，壓縮實驗室的產出品質，台灣的 GMP 認證及國際的 GMP 認證，該有的檢驗絕不馬虎。

常到大陸演講，現場觀眾聽了葉璦雯解說產品後，往往很心動想購買，都會想跳過當地經銷商，要求葉璦雯直接出貨。但她為保障經銷商權益，堅持不出貨。眼前不管是股票上市公司老闆、權貴或一般消費者，只要聽她聊起產品，都會乖乖聽講。只因她堅持最單純的一個原則，「做對的事，處理事情才能變得單純。」

當她針對自己產品的零售或經銷商上課時，亦師亦友集於一身，她為了不辜負許多搭飛機來上課的人，甚至講話也不太客氣，挑明了表示「想聽好聽的話，是學不到東西的」，可以感受到她的求好心切。她特別要求經銷商銷

售產品時絕不批評他人，不詆毀他人來突顯自己的好，因為別人也需要生存。經銷商只需教導客人如何正確地使用產品，一旦認識產品，自然替客人消除疑慮，因為產品本身會說話。

接觸佛教讓葉琇雯有所體悟，發願要讓眾生有好物可用，但她坦承，有時遇到質疑自己技術或產品的客人，難免心裡也會不舒服。她就曾因客人有疑慮，不是百分百安心交給她繡眉，索性藉口織眉機故障，婉拒了對方。她為了讓自己心理平衡，寧願把客人往外推，事後坦承，這是一件道德兩難的事。

琉璃霜叫好又叫座有一定的道理，葉琇雯謙稱不是自己多厲害，只是敢放最高品質的原料。很多人將葉琇雯的產品拿去實驗室打樣，她絲毫不擔心山寨版商品侵犯自己的商譽或營業額。因為在實驗室前後研發了五年，二十五個配方，都有不同比例，化學方程式稍有偏差就無法成功，哪個成分先放或後放，也會影響成品，每個人拿到配方也會調出不一樣的產品，「唯獨仿冒不出來的，就是正向能量及愛。」問她如何能用正向角度看待層出不窮的仿冒事件，她說這是好事一件，「若能成為指標讓人仿冒，有五

分像至少不會害到人。」

　　雖然琉璃霜已屬熱銷產品，葉瑃雯仍不停地加諸創新的想法，更改包裝或是加鋼印。雖然不是專業的包裝設計，但從產品研發、設計到包裝產出，像生養自己孩子一般，細心呵護，沒有懈怠的一天。

　　葉瑃雯說，「我知道客人要什麼。」一如蘋果公司的聯合創始人史提夫‧賈伯斯（Steve Jobs）所言，「別再問消費者想要什麼了，他們並不知道自己要什麼。」只有當新創服務被創造出來後，消費者才知道原來他們需要這個。也呼應彼得‧杜拉克（Peter F. Drucker）說的「需求是商人創造出來的」。能深諳經營與消費的心理學，才能長久維持品牌跟價值。

經銷商及合作廠商故事

有位經銷商之前從事證券業，每天都是如火如荼地替客人在股市廝殺進出。某日收到琉璃霜的試用包，深深被產品吸引，她說「感覺跟其他保養品不一樣」，「很喜歡創辦人的理念」不久之後從愛用者變成經銷商。

有些消費者對大品牌存有迷思，以為大品牌就是好品質的保證，然而大品牌公司編列高額廣告預算，砸重金聘請代言人，但代言人也許不是真正的愛用者，只是賣個形象。但 Lucky Ya 這個品牌，太多從試用者變成愛用者，而成為經銷商的例子。

葉瑃雯熟知客人的習性，她說：「消費者如果買到不好用的東西，便宜貨可能直接丟掉，貴的也許捨不得丟，但可能用得很浪費，用完也不會再買。」所以她堅持用好品質來打動消費者的心，「好口碑就是最好的行銷手法。」出貨量能真實反映出銷售量，「現在這個時機，怎麼有產品賣得那麼貴，還賣那麼好？」一直趕工加印紙盒包裝的老闆就曾經很狐疑。

經營包裝印刷加工廠的葉老闆有二十多年經驗，許多第一次的體驗，卻來自與葉瑃雯合作所產生的火花。他說，大部分客人包材多選用普通銅版紙印製，葉瑃雯要求用工

業級金面鋁箔紙做提袋，他的工人摺紙袋時還得戴著白手套，避免指甲刮傷紙面。可以想像接下這筆訂單必定費時又費工，然而工人對於經手這種看似很高檔的商品，也是心懷喜悅、很有成就感，「因為成品的確又美又高級。」

　　幾年的合作經驗，葉老闆有許多學習及成長。期間也經歷競爭對手搶單，但是葉璿雯看中葉老闆的責任感，對自己品質的要求也很有耐心，故雙方一直不離不棄、長期配和。葉老闆說現在景氣不佳，這種願意花大錢在包裝上的客人不多了，工人光是拿到商品空瓶丈量紙盒尺寸，就被空瓶奢華感吸引，詢問之下發現售價不菲，但是數量不少的紙盒訂單，令老闆稱奇「售價貴，又賣得那麼好。」他比較同樣賣高單價的商品，好幾年才下一批紙盒訂單，葉璿雯的保養品紙盒，卻在一年內不斷再版印刷，顯見商品通過市場嚴苛檢驗，也是產品具有療效的最佳例證。

　　因著尊重與信賴，下游廠商也都很支持且彼此相挺，這樣良善循環下，不用擔心廠商對自己產品不用心。她的心願就是與之配合的業務、廠商或經銷商，有負債的都還清債務，騎摩托車的買得起賓士轎車，沒房子的買得起房子。她常說，別人能賺錢比起她自己賺大錢更開心。

第五章

美什麼容？

🎓 學徒的修練

當葉瑃雯還是美髮學徒時，由於住得最近也不懂得拒絕，她被要求休假日到店裡幫客人洗頭。平日洗頭已經很累了，連假日都無法休息一下；手上的舊傷也還沒復原，會有加班費嗎？在那個勞工權益不彰的年代，只要在吃飯時，請吃一盤羊肉炒麵，她便感激涕零，一點也不覺得老闆娘是在苛刻自己。

難道葉瑃雯是個傻子？傻到不懂得抗議或抱怨？這件往事即便過了三十年，覺得自己是被老闆娘需要，而且學技術的機會增加了。凡是會造成負面情緒的事，她會反過來看見正面能量。

累積了一年三個月美髮資歷，欣逢友人開店，邀請她駐店擔任設計師，為此欣喜若狂的葉瑃雯，即便每天花費三個半小時交通時間，也不以為苦，只因為別人給了一個可以發揮才華的舞台，不評估利益，不計較得失，還把別人當作貴人。

在詩芙儂當專櫃小姐，初期業績經常掛零，被主管責罵，但她不因此沮喪「業績不好，被罵不是應該的嗎？」擦乾眼淚，不讓失落及抱怨的情緒影響太久，除了持續反省自己，加強改進。

管理大師詹姆·柯林斯（Jim Collins）著作《從 A 到 A+》內容中提到，領導者應具備雙重特質，宅心仁厚，但意志堅強，謙沖為懷，但勇敢無畏。簡化其內涵，就是專業的堅持加上謙虛的個性。其中「窗子和鏡子」的理論提到，卓越的領導人遇到順境時會往窗外看，把功勞歸於自己以外的因素或說是運氣好的緣故；遇到逆境時，他們會照鏡子反省自己的問題，而不歸咎於運氣不好。年輕、天真單純的葉璿雯，無形中實踐了管理學理論，終於迎來了盼望。

葉老師
心靈保濕

說話一定要這麼毒、這麼狠、這麼兇嗎？罵完心臟也壞了。嘴看子星，兒、女的婚姻、事業、身體是否也讓你擔心、操煩、睡不著，這些都是嘴罵人所得到的成績單，是公平的。

❀ 順勢而為的人生

剛創立小貝殼美容沙龍時，很多機會往歐洲跑，開拓眼界之餘，培養國際觀，也累積精進美容專業。當時年紀輕，機會來了就義無反顧去做。她說：「沒有心機做的事，就是最美好的，什麼都按計畫來，反而趕不上變化。」對於自然而來的工作就歡喜接受，順勢而為，逐漸無中生有，累積成就；不管是參加美容比賽、受邀擔任美容賽事裁判或評審長、與長跑七年的初戀步入禮堂，結婚生子，先生的支持、孩子的發展等等，皆令她無比欣慰。

雖說沒想過接班人的問題，但是三個女兒不約而同走向美的產業。年紀最小的薇薇，看到媽媽的美容事業生意興隆，要葉瑈雯教她最受歡迎也最賺錢的繡眉技術。國小年紀，不但提供許多點子在產品設計，所展現的創造力及經營理念，已經讓許多人自嘆弗如。二女兒宋憓瓔與生俱來的美妝天分，小學五年級便開始征戰美容賽事，贏得無數化妝造型比賽大滿貫，與葉瑈雯的專業有直接且緊密的連結。大女兒宋詠綦，自主決定往服裝設計的道路上尋夢，為了整體造型所需要的完整資歷，不但短時間內學了化妝造型，還跟妹妹宋憓瓔參加同場美容造型比賽。那是一場姊妹同台較勁的精采賽事，不但電視台專訪，姊妹倆也交出漂亮的成績單。

三十秒磨出三十年

對於服務客戶，如何能做到盡善盡美，給人體貼、周到的感受，她與細節中的魔鬼，打過無數次交道。

葉瑃雯工作時，有專職助理在美容床邊「維安」，絕不能讓閒雜人等靠近，特別是紋眼線的時候。「雖然不會痛，但客人難免緊張。」葉瑃雯說：「我就是搶那三十秒。」

總能夠在客戶一進門，開口幾句話，就推測出她的個性，並講出重點，且是客戶願意聽的內容，不過她也坦承，有時擔心講了客戶不愛聽的話，分寸之間，拿捏適切的力道，黃金時間只有三十秒。

而這每次三十秒的黃金定律，累續她在美容領域屹立不墜三十年。從挑戰和不斷變化的情境中提升，不因受到質疑而被擊垮，十年磨一劍，磨出一支繡眉的細針，看相的眼光及研發產品的靈感。

家庭經營哲學

在職場上，人人皆尊稱她「葉老師」，但是回到家，即回到一個單純母親、人妻的角色，家人也不會視她為葉老師。葉瑄雯對孩子功課不會有高標準的要求。相反的，在工作上絕對要對得起客人所消費的每一分錢，用戰戰兢兢的態度，不枉他人稱自己一聲葉老師。愛惜羽毛的處女座對工作要求完美，從規劃大目標到執行產品上市細節，處處盡顯無遺。

重男輕女，甚至男尊女卑的觀念，普遍存在於台灣早期父權社會，這也意味著父母的愛或資源，會因為子女性別有不同程度的喜好而分配不均。在這種家庭氛圍長大的孩子，有的無感，有的忿忿不平甚至出現偏差行為，而葉瑄雯卻說：「我很慶幸擁有一對重男輕女的傳統父母。」她解釋，因為父母對自己較放任，課業上也沒有過多要求，因此放手讓她走自己的路。換個角度思考，葉瑄雯看到他們總是很認真地工作，也有盡到照顧家庭及孩子的責任，並給孩子適當壓力及責任感，更要求將來能依靠孩子養老，葉瑄雯認為這樣的父母，已經足夠。

感慨著很多女強人事業有成，家庭婚姻卻出了狀況。葉瑄雯認為她們忘記家庭應該是很單純的地方，回到家就

該好好放鬆，讓家人各司其職。她的策略是對於高科技產品例如電腦、手機等，刻意顯得生疏不上手，遇到問題就依賴先生及孩子解決。在工作上與廠商交易則盡量使用現金，很大筆的金額才請宋先生開支票。「我到現在還不會用提款卡領錢，也不會轉帳。」下一秒，她頗有心機地竊笑「真的想學，也沒有學不會的啦。」這樣花費心思，不要求成為全能的媽媽及老闆，反而讓身邊的人成為自己最得力的幫手。

偽裝自己不會武功，裝傻的俠女，隻身闖蕩險惡江湖，一路上不斷受到他人眷顧與幫助，什麼是得，什麼是失，若愚的表象之下，有大智慧隱含其中，拿捏分寸。

葉老師
心靈保濕

全世界沒有人長一樣，所以每個人都有不同的想法作法，把自己管好就好了。

活水經濟的源頭

有客戶在打牌或休閒時間，會幫葉瑈雯介紹客戶，說「你的眉毛要到台灣找一位葉老師整理一下，在台灣我只相信她。」盛讚葉瑈雯的那位長輩，用自己人格保證葉瑈雯的能力，默默地替她介紹一個又一個客人。說是很有長輩緣，不如說葉瑈雯與生俱來的好磁場帶來良善循環。

以前擔心自己太年輕無法給客人信賴感，葉瑈雯在職場上一直都虛長幾歲；十六歲要謊報二十歲，二十歲則謊報成二十五歲，三十五歲之後才實報年齡。尤其二十三歲創立小貝殼美容沙龍時，工作夥伴年紀都比自己大得多，更想著需要靠資歷及年紀撐起老闆的架式。工作時的髮型也一定維持乾淨俐落的模樣，進了自己的美容沙龍，面對客戶，穿著、造型及言談舉止，務必呈現專業形象。

談到工作，葉瑈雯總不忘感謝蕭湘居士，讓她在美容技術上多了看相的專業，很多達官貴客也因為看相準確而敬重她，尤其很多客人因為經葉瑈雯整理眉毛之後，家庭或事業各方面有很好的發展，請客送禮答謝的人絡繹不絕，但她總是一再提醒「你的臉相來自你的父母，會發達也是父母恩賜，這都該感謝你的父母。」秉持著勸善的初衷幫人看相，時常提醒自己不因客人的信賴而起邪念。她說若

無法看清事件背後的因果，很容易被虛榮的讚美迷惑變成神棍。

對待合作廠商，她總是帶著魚幫水、水幫魚的理解，從不亂砍價，或許如此，她覺得自己也很少遇到亂殺價的客人。因著這樣的善念，覺得自己研發出來的東西，也帶著善的能量，希望透過這股磁場，讓合作廠商也都賺錢，買她的產品的客戶也都因此 LUCKY 大發。更多因為產品好用，成為忠實愛用者，進一步成為經銷商的伙伴們，她經常掛在嘴邊說，希望本來騎摩托車的經銷商，可以因此賺大錢改開賓士車，就是她最大的願望。

當葉琇雯還是小客戶時，她與合作廠商靠著誠信合作，能趕工就趕工，也不殺價也不抱怨，當葉琇雯生意做大了，仍維持與原廠商良好的合作關係，也不因量大就砍價，或被其他搶單的廠商誘惑。當有需要時，之前所培養的人脈就派上用場。葉琇雯的理念是要賺客人的錢，自己的錢也得要讓人家賺，如此才能帶動活水經濟。

誠心才能做到最美

在美容沙龍業界，有個心照不宣的秘密，那就是沙龍內販售的標榜歐洲進口或歐洲製造的保養品，琳瑯滿目的添加物中，可能僅有一項成分來自歐洲，或者貨源是歐洲某個不知名的地下工廠，但只要標榜歐洲進口或歐洲製造等字樣，零售價便可以往上添加幾成。

以投資報酬率而言，研發、銷售美容保養產品比起織繡眉等服務項目高出許多。服務一位織眉客人，得好幾年後才有機會再次提供服務。葉瑃雯在這行太久了，偶而難免萌生倦意，但是很多客人慕名而來，或經客戶介紹而來，導致她一直無法停止繡眉服務。她說現在只服務有緣的客人，甚至轉念一想，也許幫客人弄好眉毛，進而家庭關係變得更和諧，讓世界上有更多的美女，總是好事一件，這個念想成了葉瑃雯自我期許的責任。

曾經訓練許多學生學習彩妝，學生最痛苦的項目就是畫不好眉毛，有的人看了十幾本彩妝書，書上提供快速又方便的畫眉方法，但實際拿起眉筆就是畫不好那對眉毛。短短兩條線，必須配合位置高低、長短，還要搭配不同臉型，道理很簡單卻考倒許多初學者。常接受媒體採訪美容DIY的葉瑃雯說：「先找出黃金三點；眉頭、眉峰及眉尾，

手邊有小盤子或是茶杯蓋就可以拿來應用。」她拿起杯蓋，就著眉陵骨示範畫眉，左撇右撇，不一會兒，兩道水靈靈的眉毛，令五官生動不少。她說這種安全眉型，適用各種臉型，粗細濃淡端看個人喜好。

「觀念對了，接下來才能談技術。」知無不言，言無不盡，總是樂意分享任何事的葉璫雯，感慨現在的年輕人，做事不夠完整，又不喜歡被糾正，急著替自己辯論，很難靜心聽進前輩的忠言。自以為是、沒責任感、生產效率低。相較年輕時的自己，人家叫她幹嘛就幹嘛，反而是一路有貴人提攜，平順地發展出一片美容天地。「學技術要一步一腳印」葉璫雯說在一個行業，起碼要有二十年的資歷，才能在當中看出門道。

總說要給消費者最好的東西，但是冰河幹細胞一公斤高達台幣二十八萬的成本，連國際一線美容品牌都還在觀望是否要添加這個成分，她卻二話不說下手搶貨，是台灣第一個下單的人。在歐洲的經歷及學佛的啟發，葉璫雯堅持用好品質的東西從不設限，合作廠商表示「跟你合作不但可以賺到錢，還可以激盪出很多火花。」廠商更因此轉念，學習葉璫雯愛用好物的精神。

在這樣的原則下，所推出的產品不僅在兩岸廣受歡迎，在消費者心中留下深刻印象。她龜毛的處女座腦袋，總是想方設法把最好的原料，經過慢工細活地放進產品中，而且原料填充一代比一代更好更多。再佐以自己設計的外觀包裝，還要花費心思在內容物被用盡後，包裝盒能重複利用。很多人受到產品精美包裝的吸引，每每消費數萬元毫不手軟。「貼上 MIT 就是代表台灣」靠著美容專業為台灣盡一份宣傳，葉瑋雯對此感到驕傲。

近年有許多來自對岸的邀請，希望葉瑋雯到大陸為客戶織眉，許多醫美診所甚至只要求能在招牌上掛名「來自台灣的開運繡眉老師」，任憑她開價。葉瑋雯思索到背後更大的問題，她說：「自己一人飛往大陸是自己荷包進帳，但將客人從外地請到台灣，卻可以吸引他們到台灣來旅行跟消費，可以帶動台灣觀光。」葉瑋雯說得誠懇卻顯得靦腆，也許擔心別人聽這話感覺矯情。但這是她內心真實的想法。而她的產品經銷商，也會自動組團從大陸飛至台灣，除了拜見產品研發者葉瑋雯，聽她講產品，整團人約好要繡眉。相較其他往大陸跑的美容業者，葉瑋雯的作法，發揮了一個企業領導者該有的影響力。

真心單純喜歡這個工作，有時覺得與客人很投緣，感覺對了，甚至可以免費替對方畫眉毛。交流過程與客戶激盪出火花，這樣的滿足及成就感，無法用收入多寡來衡量。話鋒一轉，她想起以前曾遇過對名利極為斤斤計較的人，當下受傷的感覺，令她時時自我警惕，要單純享受工作的快樂，不要為金錢名利而工作，她要做一個技術能力很好，讓學生自然而然打從心裡尊敬，更不要辜負大家尊稱她葉老師。

　　問到如何維繫客戶的忠誠度，葉瑃雯分享要有親切的態度加上專業的內涵，全方位的為客戶著想，她個性中也有雞婆的本性，樂於替他人解決問題，在這麼競爭的商業市場，只有盡力做到一百二十分，超乎客戶需求，把客戶當作朋友關係來經營，而不是去抱怨被同行搶走客人。

　　當她走訪國際間大小美容賽事，擔任裁判或帶女兒參賽，常有很深的感觸，她說很多國際級的比賽，選手是否有國家力量支持，資源及待遇差很大。想要做得更多，但國家不支持，憑有限的一己之力，恐怕難以成事。葉瑃雯感嘆理想與現實之間難免存在差異，但是只要有機會與同行交流，對方一旦開口請教，她必定盡可能的分享，只求

能散播正確觀念。她用一個故事譬喻；如果別人感冒了，而她手中握有一顆救命的藥，她絕不會用來自保，必定分享出去希望對方痊癒，因為只有這樣才不會將病源散播。只要同業相生共好，才能帶動美容業往上發展。

　　凡事不能視為理所當然，一直抱怨對事件也沒有幫助，要有自覺，做好該做的事，才能問心無愧，被織眉的客人臭罵也得虛心接受，因為自己高單價的收費，就要有被高標準要求的心理準備。就像過去在美容專櫃的工作經驗，沒有業績而被責罵，是無法用任何藉口推託卸責的。

葉老師
心靈保濕

有時候被一、兩個無緣的人毀謗，會生氣、難過，想想自己身邊有更多的朋友、家人是讚嘆你的、愛護你的，所以毀謗與讚美，一個是甜、一個是苦，都要接受它的滋味，才能平衡身心。

台灣美容業發展瓶頸

　　台灣過去的經濟模式建立在低單價的策略，製造業大多被困在低售價、低毛利的戰爭中，這樣的大環境不但創新不利，削價競爭也導致產業難以提升品質，間接影響消費者對台灣製造的產品沒有信心。發生在美容業界相似的情境是，許多不肖業者為了提升業績，仿冒歐洲進口的高價保養品充斥坊間，經新聞揭露後，更令消費者產生不信賴感。美容業另一危機是被醫美診所瓜分掉大半江山，不少美容師得靠著更多更長時間按摩，來留住老客戶，開發新客源，偏偏不少越南或印尼等外籍工作者，也開設專為女性按摩的沙龍，不但收費更低廉又親切。現今美容沙龍定位處於極為尷尬的位置。

　　葉璿雯分析美容保養領域當中的三大類；

　　一是百貨公司美容專櫃，販售單一品牌基礎保養品或彩妝品，大多採用買全套保養品贈送免費作臉的行銷手法，販售商品為主，附加提供做臉服務。

　　二為坊間美容沙龍，美容師以治療問題皮膚為主軸，較大規模者搭配臉及身體的按摩吸引消費者，附加販售不同品牌保養品，要求消費者到店做臉之餘，還可以配合居家護理。

　　第三大區塊是近年瓜分美容市場最兇猛的醫美診所，合格專科醫師除了可以為客戶進行侵入式整形治療之外，不少醫生成立自己的美容保養品牌，合理地打著具有療效的藥性保養品廣告，甚至設置美容部門替客人作基礎保養，既有醫療專業、療效保證加上預防保養效果，消費者沒有不買單的道理。

　　葉瑝雯觀察到美容沙龍業者哀鴻遍野。「早在十年前就看到問題。」她說，大多美容師辛辛苦苦學技術，應該好好發揮一技之長，然而情況剛好相反，很多業者為了與醫美區隔，到工廠找一套保養品賣給消費者，標榜做臉不用錢，這樣的手法卻又與百貨專櫃客群重疊，加上網路美妝部落客或媒體名嘴推薦，開架式保養品亦大行其道，客源因此更被分散。

　　葉瑝雯分析不同場域有不同消費型態，一般消費者皮膚要基礎保養，若經推薦或由自己判斷選購品牌，最初會接觸專櫃或開架式保養品，是為保養預防系列，大多人普遍適用，使用效果則因人而異。

　　比較內行的都知道，問題皮膚適用的療效型保養品大多在沙龍經銷，費用也相對昂貴，美容沙龍賣的就是美容

師的專業知識及保養品，美容師有本事為客戶挑選真正可以解決問題皮膚的產品，能決定沙龍的存亡，並非削價競爭或免費做臉可以換來。然而現況是醫美市場打著醫學整形的招牌，搶走許多美容沙龍的客群，而美容業者為了殺出血路，急病亂投醫，從地下工廠找來更便宜的保養品，用超低折扣二折或三折企圖搶回客群，或是增加燙睫毛或美甲等服務項目。更有甚者，不肖業者以免費做臉名義，將消費者強拉至美容間做臉，再誇飾其皮膚狀況多麼糟糕，遊說買下高價保養品，製造不少消費糾紛，令人對美容沙龍做臉存有負面觀感。

葉璿雯呼籲消費者建立正確認知，有問題的皮膚可以找專業美容沙龍，美容師為客戶選擇適合的保養品，並透過專業護理為客戶處理問題。此外，皮膚問題也不是一朝一夕可以解決，所以消費者要信賴美容師的專業能力，與美容師長期配合，持續保養，畢竟不同年齡層需關注的皮膚問題也不一樣。

問題皮膚求診於醫美診所或皮膚科門診，大多表面症狀解除，將問題壓下來，消費者本身若沒有護膚應有的基本常識，當症狀再度復發容易將問題擴大。而美容業者應

該加強美容專業知識，建立客戶的信賴感，避免美容市場落入惡性循環。

在美容沙龍無法販售標榜有醫療效果或有藥性的保養品，但要能解決皮膚問題，依葉璚雯的標準要天然不危害人體，這其中必須有非常專業的美容知識為基礎，也可能遊走在法律邊緣，一不小心就會觸犯藥事法，或是違反化粧品衛生管理條例。主管機關衛生福利部食品藥物管理署（簡稱「衛服部食藥署」）發布的「化妝品廣告法令及審查手冊」可查明相關規定。

葉璚雯推出自己研發的美容保養品，立足台灣卻做遍全世界的生意，她並非因為危機出現才尋思改變，而是時機剛好，度過了同行遭遇到的風暴。最初，只用一罐名為「琉璃霜」的魔法粉，在遊戲規則混亂的戰域中，殺出一條道路。

Lucky Ya 自詡為問題皮膚專家的保養品牌，如果你帶著大把鈔票去找葉璚雯，她不一定會賣你產品，但會要你先買她的觀念。

非主流哲學

　　早期小貝殼美容沙龍與一般沙龍無異，早上九點開業，晚上十一點才休息。足足十四個小時，橫跨早中晚三餐，深怕錯過任何一個上門消費的客人。而葉瑨雯自己前三年時間睡在店內地板，每日工時超過十六個鐘頭。研發產品初期，多半利用夜深人靜的時刻，獨自苦思進行實驗。超時工作加上研發產品的超高壓力，宋先生看在眼裡，沒有開口要求她停止日夜顛倒的型態，只要她隔天盡量睡到飽再上班，早上孩子上學的種種預備，也從來沒讓她操過心。孩子大了點，美容沙龍的經營也上了軌道，有一天，宋先生終於提出他唯一的要求，他要葉瑨雯下午六點下班回家陪小孩。聽到先生的提議，葉瑨雯彷彿聽到天方夜譚，感覺不可思議，也無法接受。

　　小貝殼美容沙龍可不是玩票性質。在美容業界，為了掌握朝九晚五的上班族客群，誰不是盡量延長營業時間，甚至週六、日也要工作，以服務最大客群為目的。但是六點下班，晚上不營業，也擔心客人因此流失的葉瑨雯，認為宋先生的提議，太過反其道而行。聽到這裡，旁人多以為葉瑨雯必定有番說詞，準備說服反駁先生的提議。殊不知，兩人僅經過簡單溝通後，葉瑨雯便無二話同意配合。

改變營業時間後，沒想到客人都能配合，有的白天上班的客群，還專程請假預約美容保養。

宋先生說，未婚時全力衝刺工作無可厚非，結婚後則必須把家庭放在第一順位，有了孩子後，必須以孩子為主。錢少賺一點沒關係，小孩成長只有一次，不可能重來。現階段大女兒及二女兒比較能獨立照顧自己了，只剩國小年紀的小女兒還在身邊黏著，讓他們享受天倫之樂。葉琇雯說真希望這個小女兒不要長大。

現階段葉琇雯只要顧好產品研發及經銷，已經可以衣食無虞。沙龍內部，漸漸少接做臉保養，只維持著一直放不下的開運織眉服務項目，她每日工作五個小時，把開運織眉當作玩藝術一般的享受。到了假日休息時間，除了陪家人逛街休閒之外，自己最喜愛油畫創作則沒有停過。

韓國MBC於2003年播出的月火連續劇《大長今》（대장금）劇中有大量美食烹飪場景，透過主角的手呈現出美食的色香味形，宛如藝術品一般，還有養生醫術也讓觀眾競相模仿DIY配藥補身。葉琇雯2016年報考攻讀碩士學位，專研保養品、中藥草療效等，加上本身也熱愛烘焙蛋糕，與主角有著相似的特質和際遇。劇中廚藝及醫術的領

域，吸引著葉瑋雯，每有電視重播便鎖定重看，每集長度約六十分鐘，共五十四集，她說「看過不下十次」。

努力到現在，已經買得起心目中的名牌錶，但是發現自己比較喜歡它待在櫥窗中的樣子，像個藝術品一般能讓人好好欣賞，反而是更高的享受。倘若買回家，只會讓它待在抽屜裡也不戴它，甚至會衍生另一個更昂貴的慾望，所以不把它買回家，它在櫥窗中將永遠呈現出最美好的狀態。「現在想把錢用來栽培孩子，那是另一種更好的價值反饋。」

美國心理學家馬斯洛的需求層次理論（Maslow's hierarchy of needs）分別是生理、安全、社交、尊重及自我實現等五大需求，近年更提出超自我實現（Over Actualization）層級，葉瑋雯知道自己買得起奢侈品，卻選擇讓它留在櫥窗中不買，心中也不存在任何遺憾，彷彿是一種實現了超自我實現當中的高峰經驗。

問她人生是否都沒有遺憾？她說不管問任何人，如果無法知足，就一定會有遺憾。就像有錢人會抱怨錢不夠多，因為對不知足的人而言，「遺憾」是一個無法填滿的無底洞。只問是否願意抱著一個感恩的心，是否能知足，遺憾的課題不在她的字典中。

每個階段都是最美好的禮物「感謝我十六歲時是如此

打拼認真工作，現在的我覺得很充實、很滿足。雖然年紀大了，但是不會抱怨青春不再。」每一階段都很精彩，很感恩。她更珍惜一樣川著平價衣服，或相約吃路邊攤的朋友，都無比自在。

年輕曾因為被業績追著跑每天喘不過氣，現在覺得可以當錢的主人，不被金錢控制，她深刻體會到這才是重要的事。

當感覺景氣不好時，葉璘雯是一個花錢更多的人，不因消費者的荷包緊縮，而自己也開源節流，反而帶頭並鼓勵身邊的朋友多消費。

2016 年，台灣音樂才子李宗盛拍了一部廣告短片，影片結尾時說「在人生這個時候去回想自己所做的事情，是很多很多滋味的。」書寫葉璘雯前半段人生風景至此，是她擇其所愛的足跡，下半場，愛其所擇的篇章正要展開，如同李宗盛在廣告片尾說道「每一個努力過的腳印都是相連的，它一步一步帶我到今天，成就今天的我，人生沒有白走的路，每一步都算數。」

以「美」載道的葉璘雯，如同落在土裡的麥子，將生命更新、綿延，戰戰兢兢的步伐，匯成涓涓滴流，用馬拉松運動精神，伴著火戰車（Chariots of Fire）的背景音樂，向著終點奔跑。

附　錄

產品故事

1 能量琉璃霜金銀瓶

產品介紹

琉璃霜分金版女版（白皙淺膚色）及銀版男版（裸妝自然色）兩種，是專利研製的全能型粉底液。它具有高度修護及保護肌膚的真實功效，同時兼具彩妝遮瑕美肌效果。

一瓶早晚使用，即可達到強效保濕、淨白透亮、緊緻拉提、深層修護、隔離傷害、抗水抗曬、透氣遮瑕、自動校色八大功效。

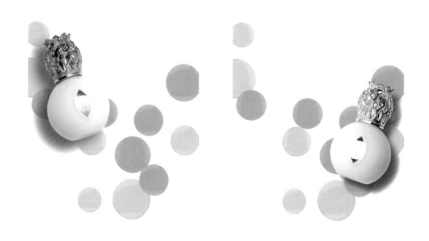

2／體溫口紅

主要成分 _____

（體溫口紅）天竺葵、甜杏仁油、德國蜂蠟、植物萃取液。（Baby 護唇膏）澳洲胡桃油、地中海芥菜油、巴巴蘇油、葵花籽油、甜杏仁油、小麥胚芽油、椰子油、乳木果油、野芒果油、有機石榴籽油、橄欖果油、有機接骨木果萃取物、蘆薈萃取液、可可脂、棕櫚蠟、天然蜂蠟、小燭樹臘。

產品介紹 _____

依個人體溫高低調整唇色的深淺，深層修護乾燥、龜裂、唇紋。嚴選大自然花精原料，還原雙唇健康紅潤色澤。自然穩形口紅，不黏膩、不脫妝、不沾杯，二十四小時唇色持續紅潤。

3 / 琉璃奇蹟牙皂

主要成分

無患子皂素、氨基酸、多酚醣體、有機薄荷、有機薰衣草。

產品介紹

用於牙齒清潔淨白，預防口臭。特別專用於較脆弱的口腔環境。經由德國高科技類核融純化無患子原液後，無患子本身產出的效果不需使用任何化學成分添加再製，完全安全可以吃的牙皂，絕無化學成分泡沫誤食風險，小孩大人可安心使用。

幸福花園甘露

主要成分

木芙蓉花葉提取物、益母草粉、甜菜鹼、海藻糖、母菊花油、有機天竺葵精油。

產品介紹

經過現代科學的深度分析與研究證實，醉芙蓉（為稀有的名貴木芙蓉品種），含有豐富的果膠和 MGP 黏性醣蛋白及 NGF 神經生長因子組成的黏性物質，更具有抗發炎、鎮痛的天然成份，並採擷了這種珍貴稀有的天然植物精華研發出獨特草本、活膚、修護配方，其對全身肌膚具有一定溫和良好的保護效應，有助提升肌膚對環境傷害的保護力！更可迅速在肌膚表面形成一層「保護膜」，有效舒緩肌膚不適感、保護肌膚、維持肌膚健康！

另添加「益母草」萃取精華，《本草綱目》記載「其功於婦人及明目益精，故有益母之稱」！據現代臨床實驗證明，益母草對子宮有強而持久的興奮作用，不但能增強收縮率，同時能提高緊實度。

5/ 琉璃貝殼面膜皂

主要成分

無患子皂素、氨基酸、多酚醣體、鳶尾花、檸檬馬鞭草。

產品介紹

無患子皂素具殺菌清潔，活化細胞與滋潤皮膚之功效；鳶尾花能促進肌膚新陳代謝，補充荷爾蒙，強化膠原與纖維組織的聚合力，撫平皺紋，排水、對抗自由基、調理油脂、收斂毛孔，促進其他成份有效吸收。鎮定情緒、改善失眠及睡眠不足產生的身體不適或眼睛疲勞；檸檬馬鞭草則具有調理和安定神經的功效，柔軟肌膚，減輕浮腫，另有護髮功能。有溫和的鎮定效果，調節和安撫交感神經系統，使人情緒放鬆、精神振奮，減輕失眠、焦慮和壓力。

以上成分功效是經由高科技類核融純化無患子原液後，無患子本身產出的效果，不需使用任何化學成分添加再製。

6 / 琉璃淨白面膜

主要成分

瑞士冰川水、葵籽神經胺、傳明酸、維他命 B5、甘草萃取、鳳梨酵素、木瓜酵素、氨基酸、玉米來源多元醇。

產品介紹

潔面後手乾臉乾時使用第一次大泡泡:深部清潔,大約三到五分鐘後將雙手加一點點水按摩全臉產生第二次細小泡泡第二次細泡泡:開始為肌膚注入頂級保養成分、達到保濕嫩白,所以請在臉上敷二到三分鐘後再洗淨(想要達到保養功效,一定要讓細泡泡敷臉二到三分鐘,不需敷太久,敷太久會乾掉)。

7 / 翡翠霜

主要成分

IR 防護植物精華、傳明酸、巴西美白沒藥醇、蔗糖角鯊烷、澳洲堅果油、深海兩節薺籽油、巴巴蘇油、超細二氧化鈦、二氧化鈦、氧化鋅、尿囊素、維他命 B3、維他命 B5、抗菌劑、洋甘菊萃取、燕麥萃取、海藻萃取。

產品介紹

自動校正膚色遮蓋瑕疵毛孔收縮、傷口癒合。抗藍光、抗紫外線、紅外線、PM2.5 微幅粒子。持續使用可美白淡斑、抗痘、淡化痘疤。

8 鑽石精淬馥活霜

主要成分 _____

蘋果幹細胞、富勒烯、鑽石萃取、BLUE DNA、五胜肽、智慧型膠原蛋白、複合抗皺胜肽（黃金泉）、有機乳木果油、蔗糖角鯊烷、澳洲堅果油。

產品介紹 _____

鑽石精淬馥活霜的特性，就是具有智慧型自體修復機能，透過分子結構重新排列的膠原蛋白，如用器具將鑽石精淬馥活霜撥動，即可看出鑽石精淬馥活霜於三十秒內即會自體修復成塊狀膠原體，此機能即是塗抹於肌膚上，吸收進皮膚之後會滲透進角質層，隨後即啟動智慧型自體修復機能在角質層中緊緻拉提，對抗地心引力，防止皺紋產生，其中添加的有機乳木果油脂，還可幫助肌膚柔嫩有光澤。

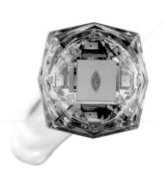

9 五行紓壓眼膜

主要成分

蟲草子實體萃取液，薄荷萃取液、白首烏萃取桑樹萃取液、蘆薈精華萃取液、靈芝菌絲液、益母草萃取液、決明子萃取液。

產品介紹

為革命性眼膜（包覆式全眼）。護眼紓壓，可舒緩眼睛疲勞、眼壓高、飛蚊症……等。分子小容易吸收，撫平演周細紋，保濕修護、緊緻肌膚、改善暗沉、舒緩肌膚。

10 / LUCKY YA 能量精油

　　芳香療法認為植物生長時，需要類似植物本身荷爾蒙的物質來幫助成長，而經過萃煉的植物精華與香味，能與人體內分泌相呼應，做到調節的作用。經由歐洲幾世紀來的使用經驗，證實精油有助於內分泌協調。

　　精油為純天然產品，回歸自然的保養品。經皮膚吸收快速，觸感極優，賦予皮膚自然有效的療育功能，對皮膚完全無負擔，並結合身、心、靈的內外保養，改善皮膚，最終創造幸福的荷爾蒙，提高自信心的美。

更完整 LuckyYa 全系列產品，
請連結官網 luckyya.co

開運織眉　葉瑈雯用 Tattoo 讓神奇眉型改變面相、改變命運

作　　者／葉瑈雯
專案總監／顏艾琳
美術編輯／吱吱
口述整理／蔡珍容
企畫選書人／賈俊國

總 編 輯／賈俊國
副總編輯／蘇士尹
編　　輯／高懿萩
行銷企畫／張莉榮・蕭羽猜
發 行 人／何飛鵬
出　　版／布克文化出版事業部
　　　　　台北市中山區民生東路二段 141 號 8 樓
　　　　　電話：(02)2500-7008　傳真：(02)2502-7676
　　　　　Email：sbooker.service@cite.com.tw
發　　行／英屬蓋曼群島商家庭傳媒股份有限公司城邦分公司
　　　　　台北市中山區民生東路二段 141 號 2 樓
　　　　　書虫客服務專線：(02)2500-7718；2500-7719
　　　　　24 小時傳真專線：(02)2500-1990；2500-1991
　　　　　劃撥帳號：19863813；戶名：書虫股份有限公司
　　　　　讀者服務信箱：service@readingclub.com.tw
香港發行所／城邦（香港）出版集團有限公司
　　　　　香港灣仔駱克道 193 號東超商業中心 1 樓
　　　　　電話：+852-2508-6231　　傳真：+852-2578-9337
　　　　　Email：hkcite@biznetvigator.com
馬新發行所／城邦（馬新）出版集團 Cité (M) Sdn. Bhd.
　　　　　41, Jalan Radin Anum, Bandar Baru Sri Petaling,
　　　　　57000 Kuala Lumpur, Malaysia
　　　　　電話：+603- 9057-8822　　傳真：+603- 9057-6622
　　　　　Email：cite@cite.com.my
印　　刷／韋懋實業有限公司
初　　版／2020 年 7 月
定　　價／380 元
ISBN／978-957-9699-76-1

國家圖書館出版品預行編目（CIP）資料

開運織眉：葉瑈雯用 Tattoo 讓神奇眉型改變
面相、改變命運 / 葉瑈雯著. -- 初版. -- 臺
北市：布克文化出版：家庭傳媒城邦分公司
發行, 民 108.04
　面；　公分
　　　ISBN 978-957-9699-76-1 (平裝)
1. 改運法
295.7　　　　　　　　　　　108003614

城邦讀書花園　布克文化
www.cite.com.tw　www.sbooker.com.tw